헝가리

HUNGARY

브라이언 맥린, 케스터 에디 지음 ｜ **박수철** 옮김

세계의 **풍습과 문화**가
궁금한 이들을 위한
필수 안내서

시그마북스
Sigma Books

세계 문화 여행 _ 헝가리

발행일 2024년 6월 3일 개정판 1쇄 발행

지은이 브라이언 맥린, 케스터 에디

옮긴이 박수철

발행인 강학경

발행처 시그마북스

마케팅 정제용

에디터 최연정, 최윤정, 양수진

디자인 김문배, 강경희, 정민애

등록번호 제10-965호

주소 서울특별시 영등포구 양평로 22길 21 선유도코오롱디지털타워 A402호

전자우편 sigmabooks@spress.co.kr

홈페이지 http://www.sigmabooks.co.kr

전화 (02) 2062-5288~9

팩시밀리 (02) 323-4197

ISBN 979-11-6862-249-4 (04900)

  978-89-8445-911-3 (세트)

헝가리전도

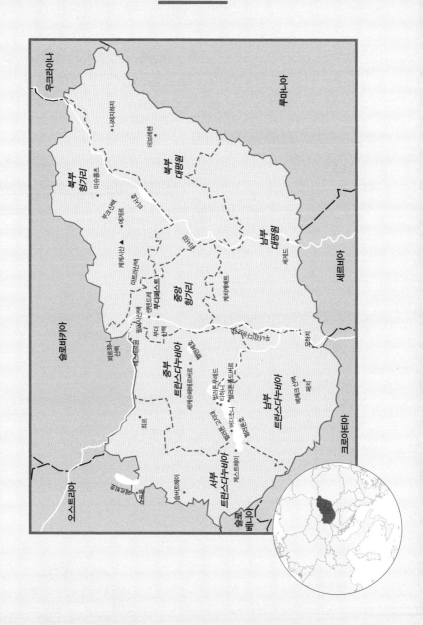

차   례

- 헝가리 전도   005
- 들어가며   008
- 기본정보   011

01 영토와 국민

지리적 정보   015
기후와 날씨   018
역사적 개관   019
통치 형태   037
정치   039
경제   044
부다페스트   048

02 가치관과 사고방식

이미지와 자아상   062
문화   064
공산주의의 후유증   066
두려움과 변화   067
직업윤리   069
서열과 지위   070
사회적 파편화   071
지출   072
애국심   074
집시에 대한 태도   075
정부 당국에 대한 태도   078
남과 여   079
구애와 혼외관계   081
교회 출석   082
성적 소수자에 대한 태도   086

03 관습과 전통

축제와 휴일   0
가족 행사   0
영명 축일   0
출생에서 사망까지   0

04 헝가리인과 친구 되기

미소에는 미소로   1
대화와 문화   1
친구 사귀기   1
언어 문제   1
품행   1
어떻게 말해야 할지 모를 때   1
호칭   1
고개를 살짝 끄덕이며 인사하기   1
집에 초대받을 때   1

05 가정생활

주택과 주거   1
일과   1
생활비   1
가정   1
교육   1
졸업 행사   1
사랑과 성   1
결혼   1

6 여가생활

2로 돌아가다	151
4과 음료수	152
4	163
3	168
공연물	173
3, 록, 재즈	176
2관과 박물관	179
2츠와 오락	183
3과 지출	187
3	188
2으로	189
4이 드문 곳	192
4톤호	193
2과 수영	195

7 여행, 건강, 그리고 안전

3	201
3교통	202
3한 교통수단	204
1	206
2	207
1 문화	208
2 여행	210
3	213
4	214

08 비즈니스 현황

경제	219
자국 기업의 성장과 발전을 위한 노력	220
사업 환경	223
사업적 관계	225
서열	227
바람직한 예의	228
무성의한 서비스	229
발표와 협상	230
계약	233
연출과 창의성	235

09 의사소통

헝가리어	241
언론매체	245
전화와 인터넷	249
우편 서비스	250
결론	252
· 참고문헌	254

헝가리는 1,000여 년 전부터 특유의 포용적인 태도로 유명한 나라였다. 헝가리의 초대 국왕인 성^聖 이슈트반 1세는 11세기 초에 이렇게 썼다. "손님들과 낯선 사람들은 왕의 위엄에서 여섯 번째를 차지할 만큼 이롭다."

그러나 2015년에 시리아 난민들을 막으려고 국경선 철책을 설치하는 헝가리 군인들의 모습이 텔레비전을 통해 방송됨에 따라 그 빛나는 명성에 오점이 생겼다. 하나씩 들어서는 장벽이 보이는 곳에서 현지의 자원봉사자들이 더위를 무릅쓰고 난민들에게 음료와 음식을 나눠줬지만 말이다.

사실 헝가리인들의 자아상은 현대사회의 급변하는 역학관계에 따라 크게 바뀌고 있다. 개인적 차원에서 볼 때 해외 문물의 중요성에 대한 헝가리인의 믿음은 거의 변하지 않았고, 자부심과 개방성의 이 절묘한 조합은 무척 매력적인 특성이다. 그러나 집단적 차원에서 볼 때 변화, 정체성 상실, 전반적 불안정 등에 대한 해묵은 두려움 같은 여러 요인이 맞물리면서 마자르인들은 가끔 냉담하고 오만한, 심지어 호전적인 사람들로 보일 때가 있다.

헝가리 주재 경영자와 외교관은 헝가리에서 느낀 온정과 환대에 관해 말한다. 그리고 대부분 그 이야기는 진실이다. 그러나 본국으로 이임하는 어느 서유럽 출신의 대사는 다음과 같이 털어놨다. "헝가리 사람에게는 무엇 하나 가르칠 수 없어요."

헝가리의 최근 역사를 감안하면 이 모든 사실은 특히 강조할 만하다. 제2차 세계대전 말기부터 1990년까지 헝가리는 소련의 세력권에 있었고, 노동자, 트랙터, 단조로운 복장, 활기 없는 거리 따위가 연상되는 동유럽의 일부분이었다. 오늘날의 헝가리인들은 다시 조국을 바로크 양식의 교회와 견고한 19세기 건축물로 가득한 합스부르크 제국 시대의 유럽, 즉 중앙유럽의 일원으로 느낀다.

종교적·지성적 의미에서 볼 때 헝가리는 유럽의 가톨릭교 및 개신교 지역과 동방정교회 지역을 나누는 경계선의 북쪽과 서쪽에 놓여있다. 오늘날 헝가리 사회에는 또 다른 구분선이 있다. 그것은 프랑스 사회에서 엿볼 수 있는 가톨릭교와 반 교권주의 간의 오래된 구분선과 비슷하다. 1930년대에 헝가리의 그 두 가지 요소는 각각 네프 넴제티와 우르바누시로 통했고,

요즘말로 번역하면 각각 '보수적'과 '진보적'이라는 뜻이다. 구분선이 눈에 띄어 실망하는 사람들이 많지만, 이것은 누구나 꼭 알고 있어야 하는 선이다. 헝가리에서는 교회 다니기, 학교 선택하기, 영화 감상 및 연극 관람, 심지어 식당 가기조차 정치적 행위일 수 있다.

그렇다면 현대 헝가리인은 어떤 사람일까? 헝가리인에게는 역설적인 면이 보인다고 말할 수 있겠다. 그들은 수다스러우면서도 과묵하다. 말이 많고, 재미있고, 냉소주의에 가까운 풍자를 자주 구사한다. 그러나 자기 비하의 이면에는 자국 문화와 생활방식에 대한, 그리고 온갖 역사적 시련을 극복하고 이룩한 업적에 대한 확고한 자신감이 숨어있다. 이 자부심은 헝가리인이 굳이 외국인에게 드러내고 싶지 않은 개인적인 요소이다(혹은 외국인에게 인정받고 싶은 요소일 수도 있다!). 그들은 국가적 문제 해결과 위기 극복을 좋아하지만, 만사가 잘 굴러갈 때는 관심이 시들해지기도 한다. 헝가리인은 쾌활하지만, 우울하다. 그들에게서는 낙관론과 뒤섞인 숙명론이 눈에 띄고, 자존심에 자리 잡은 분노가 엿보인다. 헝가리인의 매혹적인 성격의 복잡성을 한 마디로 요약하기는 쉽지 않다. 이 책에는 이해의 열쇠인 지식이 담겨있다. 읽으면서 여행을 즐기기 바란다!

기본 정보

공식 명칭	헝가리(Republic of Hungary)	머저로르사그(Magyarország)
수도	부다페스트(인구 170만 명)	1876년에 부다, 페스트, 오부더 등이 합쳐져 부다페스트가 되었다.
주요 도시	데브레첸, 미슈콜츠, 세게드, 페치, 죄르	
면적	9만 3,030km²(남한의 약 0.9배)	
기후	대체로 온화하다. 서쪽에서 동쪽으로 갈수록 더 건조하고 날씨가 사납다.	
인구	999만 4,993명(2024년 기준)	
인구 구성	대다수 사람들이 헝가리인. 일부는 집시(7.5%), 독일인(2.1%), 슬로바키아인(1%). 전체 인구의 약 1.5%는 외국인이다.	
언어	헝가리어	주요 외국어는 영어와 독일어
종교	헝가리인의 37%는 가톨릭교도이고, 11.5%는 칼뱅파, 2.2%는 복음교회파(루터파), 1.8%는 그리스 정교회에 속하며, 0.1%는 유대교를 믿는다(2011년 인구조사 기준). 모든 '역사적 교회'는 정부의 지원을 받는다.	
정부	의회민주주의. 의원 수 199명의 단원제 의회(106명은 지역구 의원, 93명은 비례대표 의원)이고, 국가원수는 대통령, 정부수반은 총리이다.	지방정부, 시장, 유럽의회 의원 등은 주민들이 선출한다. 7개의 유럽연합 지역 안에 19개 주, 주에 버금가는 22개 도시주, 부다페스트 등이 포함된다.
통화	포린트(HUF, Ft)	지폐: 500, 1000, 2000, 5000, 1만, 2만 동전: 10, 20, 50, 100, 200
해외 동포	약 500만 명의 헝가리인이 국외에서 살고 있다(이 중 300만 명은 주변국에 거주)	미국, 독일, 캐나다 등지에 대규모의 헝가리인 공동체가 있지만, 급속한 동화작용으로 인해 정확한 수를 헤아리기 어렵다.
매체	전국 규모의 국영 텔레비전 방송국 6개, 국영 라디오 방송국 7개, 전국 규모의 민영 텔레비전 방송망 2개, 전국 규모의 주요 일간지 4개, 무료 일간지 1개, 경제 일간지 1개, 대중 연예신문 여럿과 지방 일간지 19개가 있다.	
전압	230V, 50Hz	유럽연합의 표준 플러그와 소켓
TV, 비디오	PAL 방식	미국 비디오와 호환되지 않는다.
인터넷 도메인	.hu	
전화	국가 번호는 36번이다.	외국으로 전화를 걸 때는 00을 눌러야 한다. 국내전화와 무선전화는 06번을 누른다.
시간대	우리나라보다 7시간 느리다.	

01

영토와 국민

두너강 양쪽에서 바라본 경치는 정말 아름답다. 국회의사당, 부다 왕궁, 부다 성 지구, 주요 교회의 탑과 반구형 지붕, 과학원, 그레슈험 궁전, 멋진 19세기 건물 같은 부다페스트의 주요 건축물을 강 기슭에서 볼 수 있다. 이곳은 유네스코의 세계문화유산 구역이다.

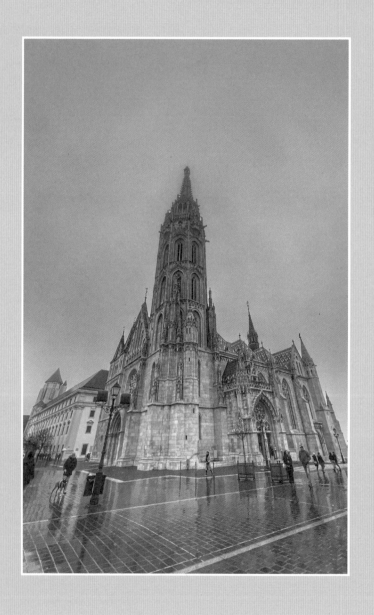

헝가리의 작곡가 에르켈 페렌츠의 1860년 작품인 오페라 〈반크 반〉에서 괴로워하는 중세의 애국자 반크 반은 이렇게 노래한다. "조국이여, 내 조국이여, 내 모든 것이여! 내 평생 동안 그대에게 빚을 졌도다!" 여기에 공감하지 않는 헝가리인은 만나기 힘들 것이다. 강대국의 국민들은 굳이 애틋한 조국애를 품지 않을 수도 있겠지만, 헝가리 같은 약소국의 국민들은 그렇지 않다. 헝가리 국민의 가슴속에는 뜨거운 애국심이 자리 잡고 있다.

지리적 정보

헝가리는 유럽의 중심에 위치해있다. 주변에 바다가 없다. 수도인 부다페스트는 직선거리로 런던에서 1,425km, 모스크바에서 1,575km, 로마에서 800km, 이스탄불에서 1,050km 떨어져있다. 헝가리의 면적은 9만 3,030km²로, 우리나라와 비슷하다. 헝가리의 국토는 울퉁불퉁한 달걀 모양이다.

헝가리는 드넓고 비교적 평평한 카르파티아 분지의 중심에 자리 잡고 있다. 헝가리 주변에는 알프스산맥, 카르파티아

산맥, 디나르알프스산맥 등이 있지만, 이들 산맥 모두 헝가리까지 뻗어있지는 않다. 헝가리에서 가장 높은 지점, 즉 부다페스트에서 동쪽으로 95km 떨어진 케케시산의 높이는 해발 1,014m에 불과하다. 2,217km에 이르는 헝가리의 국경선과 마주하는 나라들을 시계 방향으로 열거하자면 오스트리아, 슬로바키아, 우크라이나, 루마니아, 세르비아, 크로아티아, 슬로베니아이다.

볼가강에 이어 유럽에서 두 번째로 긴 강인 두너강(다뉴브강 또는 도나우강으로 불림-옮긴이)은 슬로바키아에서 흘러와 남북 방향으로 헝가리 국토를 양분한 뒤 세르비아로 흘러간다. 두너강의 서쪽 지역은 트란스다누비아(두난툴)로 불린다. 두너강의 동쪽 지역에는 북부 고지대(에서키 헤지세그)와 대평원(얼푈드)이 있다.

트란스다누비아에는 수심이 얕고 갈대로 둘러싸인 큰 호수 세 곳이 있다. 셋 중에서 가장 넓은 호수는 벌러톤호이다(면적 600km²). 두 번째는 오스트리아와의 국경선에 걸쳐있는 페르퇴호이다. 벌러톤호와 부다페스트 사이에는 벨렌체호가 있다.

헝가리의 주요 산맥은 남서쪽에서 북동쪽으로, 벌러톤 고지대에서 부더산맥 쪽으로 거의 직선으로 뻗어있고, 두너강 건너편의 북부 고지대로 이어진다. 오스트리아와의 서쪽 국경선은 알프스산맥의 기슭을 가로질러 뻗어있다.

벌러톤호를 내려다보는 버더초니는 헝가리의 몇몇 사화산 중 하나이다. 헝가리에는 활화산이 없다. 오늘날의 헝가리 영토에서 기록된 지진 가운데 리히터 규모 6이 넘는 것은 없었다. 지진으로 인해 사망자가 발생한 최근 사례는 1956년에 부다페스트 남쪽의 두너허러스티에서 임시 가옥이 무너진 경우였다.

헝가리 인구는 1981년에 1,070만 명(우리나라의 약 5분의 1)으로 최고치를 기록했지만, 계속 줄어들어 2016년 1월에는 980만 명 수준까지 떨어졌다. 2024년 기준으로는 999만 4,993명으로 세계 94위이다.

기후와 날씨

헝가리의 기후는 온화하다고들 하지만, 마냥 그렇지는 않다. 날씨의 다양성은 지리적 위치로 설명할 수 있다. 헝가리에서는 해양성 기후대, 대륙성 기후대, 지중해성 기후대가 만난다. 헝가리의 날씨는 기온과 강수량의 측면에서 해마다 점점 더 다양해지는 경향이 있는 듯하다.

헝가리의 대다수 지역은 연평균 기온이 10~11도이지만, 지난 10년 동안 연평균 기온이 11도 이상인 곳이 늘어났고, 이 현상은 특히 남부 지역에서 두드러졌다. 평균 기온은 7월에 가장 높고(20.5도), 1월에 가장 낮다(영하 1도). 하지만 7월에는 33~40도까지 오르고, 1월에는 영하 26~29도까지 내려간다. 2015년의 경우 북부 산지의 1월 평균 기온은 영하 5도, 남동부 지역의 7월과 8월 평균 기온은 24도이다. 지난 40년 동안의 연평균 기온은 지구온난화의 영향으로 약간 상승했다. 2015년 9월부터 2016년 3월까지는 전국적으로 최고 기온을 기록한 날이 많았다.

강수량도 일정하지 않다. 연평균 강수량은 서부 지역의 경우 700~800mm이고, 대평원 지대는 470~550mm이다. 그러나 1999년의 전국 평균 강수량은 775mm였고, 2000년의 전국 평균 강수량은 400mm였다. 이렇듯 강수 패턴은 전혀 이상적이지 않다. 강수는 폭풍을 동반한 여름에 집중되므로 빗물이 쉽게 말라버린다. 따라서 대평원은 건조하고, 케치케메트의 서쪽 여기저기에 모래언덕이 생긴다.

눈은 11월 전이나 4월 이후에 거의 내리지 않는다. 눈이 쌓이고 낮에 서리가 내리는 기간은 대체로 12월, 1월, 2월이다.

온난전선이나 한랭전선이 지나갈 때면 감기 같은 증상을 앓는 사람들이 많다.

헝가리의 우세풍은 북서풍이다. 연간 일조량은 대략 2,000시간이다.

역사적 개관

[헝가리인 도래 이전]

오늘날 헝가리로 알려진 지역에 대한 최초의 역사적 기록은 기원전 5세기로 거슬러 올라간다. 이 자료와 고고학적 증거에 비춰볼 때 켈트족이 기원전 400년경에 출현해 오늘날의 트란스다누비아에 해당하는 지역(헝가리의 두너강 서쪽 지역)을 차지한 듯하다. 헝가리에서의 켈트족 문화는 기원전 3세기 후반 무렵부터 기원전 2세기에 걸쳐 전성기를 구가한 것으로 보인다.

켈트족은 일리리아족과 다키아족을 비롯한 여러 부족과의 경쟁으로 세력이 약해졌다. 기원전 12년경, 로마인들이 오늘날의 헝가리 서부 지역을 장악해 판노니아 속주의 일부로 삼았다. 헝가리에는 이를 테면 세케슈페헤르바르(고르시움) 근처와 부다페스트(아퀸쿰) 같은 도시에 로마 제국의 멋진 유적이 남아 있다.

서기 361년 로마 제국이 쇠퇴함에 따라 말썽 많고 호전적인 훈족이 판노니아 속주에 정착하게 되었지만, 훈족의 유명한 지도자 아틸라의 치세는 오래가지 않았다. 이후 5세기가 넘는 세월 동안 동고트족, 게피드족, 랑고바르드족, 아바르족, 슬라브족 등이 이 지역을 잇달아 차지했고, 마침내 헝가리인이 도래했다.

【 마자르족 】

지침이 될 만한 역사적 기록이 없기 때문에 마자르족, 즉 헝가리인이 어디서 왔는지 정확히 말하기 어렵다. 언어학적으로 헝가리어는 핀우그리아어파에 속한다. 헝가리어 외의 핀우그리아 제어는 북부 스칸디나비아 반도, 발트해 주변의 소규모 지대, 러시아에서 쓰인다.

일반적으로 핀족과 우그리아족은 기원전 500년경에 분화되었다고 본다. 이 무렵 우그리아족은 말을 사육하고 철기를 이용하는 등 목축업뿐 아니라 농업에 기초한 삶을 추구하고 있었다. 제1천년기 동안 우그리아족의 문화는 이란에서 비롯된 여러 부족의 영향과 그 주변의 그리스 문화, 페르시아 문화, 아르메니아 문화의 영향을 크게 받았다.

서기 5세기에 이르러 헝가리인은 나머지 우그리아족과 구별되었고, 볼가강 근처 초원지대에서 불가리아계 튀르크족과 긴밀히 접촉했다. 이 무렵의 헝가리인은 하자르족을 비롯한 여러 부족이 대대로 맺은 느슨한 연맹의 일부분이었다.

9세기에 이르러 헝가리인들은 드네프르강 서쪽으로 모여들었고, 두너 분지(다뉴브 분지 또는 도나우 분지로도 불림-옮긴이)의 한가운데를 차지하려는 슬라브족과 동프랑크족 간의 정치적 투쟁에 가담했다. 헝가리인들은 9세기 후반에 마자르족의 수장인 아르파드의 영도 아래 하나가 되어 카르파티아 분지에 진입했을 때 특별한 저항을 받지 않은 듯싶다. (전해 내려오는 말에 의하면,

호전적이고 기독교를 믿지 않고 반⫟유목적인 7개의 마자르 부족은 895년 혹은 896년에 베레츠케 고개를 지나 카르파티아 분지로 들어갔다고 한다. 그 결과 오늘날의 우크라이나 초원지대의 땅을 페체네그족이라는 튀르크계 부족에게 빼앗겼다.)

8세기의 아바르 제국은 샤를마뉴 대제의 프랑크족 군대에게 멸망했다. 슬라브족이 잠시 득세했지만, 이 지역의 불안정성 때문에 슬라브족의 여러 나라는 통합되지 못했다. 덕분에 약 40만 명의 헝가리인이 카르파티아 분지로 들어와 약 20만 명의 현지인과 마주쳤고, 이후 현지인은 빠르게 헝가리인에게 동화된 듯하다.

아직 기독교를 믿지 않고 교양을 갖추지 못한 헝가리인은 향후 60년에 걸쳐 유럽 곳곳을 습격하고 약탈하며 초창기 바이킹족과 어깨를 나란히 했다. '헝가리인의 화살'이라는 표현은 고대의 여러 연대기에서 공포를 상징했다. 970년경에 헝가리의 통치자인 게저가 군사적 패배를 맛본 뒤 봉건 기독교 군주제로 전환할 채비를 갖추게 되고, 아들이자 후계자인 이슈트반 1세가 그 과업을 완수하자 유럽 전체가 안도의 한숨을 내쉬었다.

【 중세 왕국 】

헝가리 왕국은 에스테르곰에서 이슈트반 1세가 교황 실베스테르 2세가 보내온 왕관을 쓴 서기 1000년의 성탄절에 탄생했다. 일각의 역사적 해석에 따르면 이슈트반 1세는 자신이 마몬(하느님과 대립되는 우상으로, 부와 재물의 신-옮긴이), 즉 신성로마 제국 덕분이 아니라 하느님 덕분에 왕관을 쓴 것으로 생각했다. 사실, 교황 실베스테르 2세와 황제 오토 3세는 정치적·종교적 의미에서 기독교를 강화하고, 기독교 세

계를 동쪽으로 확장하고자 협력했다. 이슈트반 1세는 세상을 떠난 1083년에 성자의 반열에 올랐다.

이슈트반 1세가 권좌에 오를 무렵, 헝가리인(마자르족)은 1세기 넘게 카르파티아 분지에서 살고 있었고, 그 얼마 전까지 한동안 유럽 곳곳에서 습격을 일삼았다. 중세 헝가리는 1241~1242년에 몽골족의 침입으로 거의 황폐화되었지만, 여러 번에 걸쳐 유럽 중부와 남동부의 광활한 지역을 호령했다. 부다는 국왕 마차시(재위: 1458~1490년)의 치세에 르네상스의 중심지가 되었다. 마차시는 교황청 도서관 다음으로 큰 규모의 유명한 도서관을 꾸몄고, 왕궁을 넓혔다. 여름 궁전의 방대한 유적은 두너강 만곡부를 굽어보는 전략 요충지인 부다페스트 북쪽의 비셰그라드에서 찾아볼 수 있다.

【 정치적 분할 】

금세 반전이 찾아왔다. 헝가리는 1526년에 모하치 전투에서 오스만튀르크족에게 참패했고, 헝가리와 보헤미아의 왕 러요시 2세는 도망치다 개울에 빠져 죽었다. 왕국의 수도 부다는 1541년에 함락했다. 이후 '왕령헝가리'(기존 헝가리 왕국의 북부와 서부)는 합스부르크 가문의 황제 겸 국왕이 통치했고, 중앙헝가

리는 부다의 튀르크족 태수인 파샤가 관장하는 산자크(주⁴⁴)로 전락했다. 트란실바니아는 높은 문화적 수준과 종교적 관용을 자랑하는 준⁴⁴ 자치적 성격의 공국이 되었다. 이후 오스만 제국과 합스부르크 제국 간의 전쟁이 때때로 이어졌다.

오스만 제국의 위세는 시작보다 끝이 훨씬 빨랐다. 1683년 재상 카라 무스타파는 빈을 포위했다가 연이어 패배를 맛봤다. 1686년에 기독교군이 부다를 탈환했고, 튀르크족은 1699년 카를로비츠 조약에 따라 헝가리에서 완전히 축출되었다.

오스만 제국 점령기의 유산은 다양한 성격을 띤다. 튀르크족은 헝가리인들에게 세금을 심하게 매겼지만, 일정한 자치권을 부여했다. 그리고 로마가톨릭교, 개신교, 유대교 등에 관용적 태도를 보였다. 반면 합스부르크 제국은 무력을 앞세워 가톨릭교 신앙을 다시 강요했다.

　　17세기 후반의 헝가리는 인구가 격감하는 등 곤경을 겪었다. 거기에는 오스만 제국의 악정뿐 아니라 전쟁의 탓도 있었다. 부다가 수복되었을 때 기뻐할 사람도 거의 남아있지 않았다. 로트링겐 공작 카를 5세 휘하의 기독교 연합군은 부다를 약탈하고 유대인을 상대로 대학살을 자행했다.

【근대】

하지만 헝가리는 합스부르크 가문의 통치 덕분에 근대 유럽을 향해 나아갈 수 있었다. 트란실바니아 공작 라코치 페렌츠 2세의 치세에 독립전쟁(1703~1711년)이 장기간 벌어졌으나 실패로 돌아갔고, 1720년대에 비로소 상대적 번영의 시기가 찾아왔다. 이후 헝가리는 다양한 수준의 자치권을 행사하게 되었다.

제1차 세계대전이 끝날 때까지 헝가리에는 오늘날의 슬로바키아, 우크라이나의 서브카르파티아 지역, 트란실바니아(오늘날 루마니아령), 보이보디나(오늘날 세르비아령), 크로아티아 영토의 대부분, 부르겐란트(오늘날 오스트리아령) 등이 포함되어있었다. 18세기에 헝가리의 농업은 오늘날의 브라티슬라바인 포조니(프레스부르크)에서 열린 국회를 통해 합스부르크 제국의 통치 강도가 완화된 데 힘입어 발전했다. 그러나 상업, 산업, 교육, 관용 등에 근거한 참된 근대적 경제와 사회는 독일이나 이탈리아나 프랑스보다 훨씬 늦게 형성되었다.

1805년에 비로소 관료들이 라틴어와 더불어 헝가리어를 쓰기 시작했다. 라틴어는 1832년까지 헝가리 국회에서 쓰였다. 그러나 부르주아가 아니라 하급 귀족과 지주들이 이끌었다는 점에서 헝가리의 발전은 특이한 현상이었다. 1830~1840년대에 가속화된 발전은 1848년 3월에 부다와 페스트에서 코슈트 러요시가 주도한 무혈혁명으로 절정을 맞았다. 파리와 빈에서 일어난 비숫한 사건에 고취된 개혁주의자들은 합스부르크 제국 안에서의 자치를 선언했다. 이어진 독립투쟁은 이듬해에 제정 러시아의 지원을 받은 합스부르크 제국에 의해 진압되었다.

여러 가지 개혁 조치가 취소되었고, 합스부르크 제국의 가혹한 직접 통치가 약 20년 동안 지속되었다. 결국 1867년에 헝가리 귀족과 합스부르크 제국 황실 간의 타협으로 오스트리아와 헝가리가 개별 정부를 구성하는 오스트리아-헝가리 이중군주국이 탄생했다. 이 흥미로운 타협 덕택에 그간 지체되었던 부르주아적 발전, 다시 말해 부다페스트(1876년에 부다, 페스트, 오부더가 합쳐져 탄생)에 직접적인 영향을 미치고 부다페스트를 유럽에서 베를린 다음으로 빠르게 성장하는 수도로 탈바꿈시킨 정치적·경제적·사회적 발전이 향후 40년 동안 촉진되었다.

【 독립 이후 】

제1차 세계대전이 끝난 뒤 헝가리는 완전한 독립을 쟁취했지만, 베르사유 평화회담의 결과로 1920년에 맺어진 트리아농 조약에 따라 국토의 71%와 인구의 63%를 상실했다. 아직도

우크라이나, 크로아티아, 슬로베니아, 오스트리아 등지 소규모 공동체에, 그리고 슬로바키아, 루마니아, 세르비아와의 국경지대에는 꽤 많은 헝가리계 소수민족이 살고 있다.

1919년에 133일간의 공산정권기가 막을 내린 뒤 헝가리는 다시 명목상 왕국이 되었다. 헝가리 왕국은 1920년부터 1944년까지 오스트리아-헝가리 제국 해군 제독 출신의 섭정왕인 호르티 미클로시가 이끌었다. 합스부르크 왕가의 카로이 4세가 1921년에 다소 순진하게도 왕좌에 복귀하려고 두 차례 시도했지만 실패했다.

호르티는 건재했다. 미수복지
회복을 추구하는 보수적 성향
의 호르티 정부는 이탈리아, 독
일과 손잡았지만, 1930년대 후
반과 1940년대 초반에 잠시 영
토를 수복했을 뿐이다. 1944년
3월 독일에 점령되면서 헝가리
에는 반유대주의의 광풍이 불었
고, 그해 10월에 독일이 배후에서 조종한 쿠데타가 발발했다.
많은 집시와 함께 약 60만 명의 헝가리계 유대인이 집단처형
장으로 이송되었다.

1944~1945년에 독일군과 헝가리군을 격파한 소련군은 기
강이 엉망이었고, 가혹한 보복이 자행되었다. 거액의 배상금이
부과되었다. 약 50만 명의 헝가리인이 소련 땅의 강제수용소
로 끌려갔고, 상당수가 돌아오지 못했다. 소련에 점령된 시기
초반에 헝가리에는 소련 측이 장악한 연합통제위원회와 더불
어 독자적인 민주정부가 있었지만, 공산주의자들이 민주정부
를 뒤흔들었고, 결국 권력을 획득해 전형적인 공산 정권을 수
립했다.

독재자 라코시 마차시의 스탈린주의적 통치하에 억압과 혼란, 그리고 끔직한 경제적 파탄이 찾아왔다. 1953년 위성국가의 임박한 붕괴에 직면한 흐루쇼프 치하의 소련 정부는 너지 임레를 수반으로 하는 개혁정부가 들어서도록 지원했지만, 몇 년 뒤에 태도를 바꿔 라코시의 복귀를 허용했다. 그러자 1956년에 시위가 많아졌고, 결국 봉기로 이어졌다.

【 56년 혁명 】

1956년 10월 국제사회는 소련군 전차가 위성국가의 군중에게 발포하는 장면에 충격을 받았다. 만약 세계인의 이목이 수에즈 위기와 이스라엘의 이집트 침공에 쏠리지 않았다면 헝가리 혁명 세력의 희망대로 국제연합이 개입했을 것이다.

1956년 정치적 해빙기가 찾아왔고, 개혁안이 공개적으로 논의되었다. 하지만 갑자기 뜻밖의 봉기가 일어났다. 10월 22일, 부다페스트 공과대학교에서 열린 학생 집회에서 자유선거, 소련군 철수, 임금인상을 비롯한 16개 요구안이 선언되었다.

10월 23일 폴란드의 시위자를 지지한다는 명분을 내건 학생 행진에 노동자와 직장인이 자발적으로 참여했다. 그날 저녁, 의회 앞에 20만 명이 모였다. 부다페스트 시내의 다른 장

소에서는 군중이 스탈린 동상을 무너트렸고, 라디오 방송국을 둘러싼 성난 군중은 16개 요구안을 방송하도록 요구했다. 헝가리 공산당 수뇌부는 너지 임레를 새 정부의 수반으로 지명했다. 이튿날 아침 라디오 방송국이 습격당했다. 이때 부다페스트에 처음 진입한 소련군에 맞선 무력 저항이 있었다. 헝가리군의 대다수 부대는 방관했지만, 여러 장교와 병사들이 자유를 위한 봉기에 가담했다.

10월 26일 총파업이 벌어졌다. 지역 공동체와 공장 단위로 구성된 혁명평의회가 소련군의 철수와 헝가리의 중립, 민주주의, 독립을 요구했다. 혁명은 다른 도시로 퍼졌고, 소련군이 여러 도시에서 봉기군과 맞서는 동안 헝가리군은 물러나있었다.

애초 소련을 달래려고 했던 서구 열강들은 10월 27일에 뒤늦게 용기를 내어 국제연합 안전보장이사회를 소집했다. 10월 27~28일 밤 휴전안이 중재되었고, 소련군은 부다페스트에서 철수했다. 이후 소련군의 전면 철수에 관한 협상이 시작되었다. 그러나 공산당이 개입한 협상은 실패로 돌아갔다. 거기에는 혁명 세력이 무장해제와 직장복귀를 거부한 점이 일부 작용했다. 그리고 공산당 간부들을 겨냥한 수십 건의 린치 사건도 소련 당국의 판단에 영향을 미쳤을 것이다.

10월 30~31일 밤 모스크바 당국은 봉기를 진압하고 개혁 정부를 교체하기로 결정했고, 11월 4일에 실행에 옮겼다. 너지 정부는 소련군 전차가 몰려오자 유고슬라비아 대사관으로 피신했다. 너지 정부 관계자들은 11월 7일에 들어선 카다르 야노시의 꼭두각시 정권에 가담하기를 거부했다.

11월 11일까지 산발적인 전투가 이어졌고, 이듬해에도 정치인들과 시민들은 저항했다. 국제연합 총회는 여전히 소련의 침공을 비난하는 정도에 머물렀다.

카다르 야노시는 일단 양보의 손짓을 보내며 사면을 약속했

지만, 이후 3년에 걸쳐 공산당의 보복과 테러행위로 인해 1만 3,000명이 강제 수용되었고, 2만 명 넘게 투옥되었으며, 너지 같은 고위인사를 비롯한 약 230명이 처형되었다. 대부분의 수감자는 1963년의 사면 조치로 석방되었지만, 일부는 1970년대 중반까지 감금되었다. 석방된 뒤에도 많은 사람들이 원래의 직업으로 복귀하지 못했다. 약 20만 명의 헝가리인(대다수가 젊은이와 남자들)이 망명했다.

【 보복과 개혁 】

카다르 야노시의 장기집권기(1956~1989년)와 합스부르크 제국의 직접 통치기(1849~1867년)는 공통점이 많다. 두 기간 모두 처음에는 무자비했다. 둘 다 전제주의적이었지만, 어느 정도 계몽적인 성격을 띠었다. 그리고 근대국가와 현대국가를 운영하는 데 필수적인 적합성과 정통성이 부족한 소규모 엘리트에 의존했다.

카다르 치하의 헝가리는 소련식 모형을 어설프게 고쳐 쓰며 시간을 보냈고, 서구세계와의 경제적·정치적 긴장완화(1980년대에 가속화된 과정)를 추진하고자 했다. 당시 헝가리 정부가 선보인 개혁조치는 1989~1990년에 자발적으로 권력을 포기하면서 절정에 이르렀다.

공산주의 체제는 유지비용이 많이 들었고, 헝가리는 값비싼 대가를 치르며 자본주의로 전환하는 과정에서 외채를 쓰게 되었다. 헝가리의 외채 규모는 1995년에 연간 경제 산출(국내총생산)의 84%를 차지하면서 정점을 찍었다.

【 체제 전환 】

헝가리인은 공산주의의 몰락, 그리고 소련의 위성국가에서 급성장하는 시장경제를 갖춘 독립적인 의회민주주의 국가로 탈바꿈한 과정을 '체제 전환(렌드세르발타시)'으로 부른다.

헝가리는 중대한 경제적·정치적 시험을 통과했다. 경제적 측면에서 헝가리는 몇몇 구舊 공산국가들이 선호한 '충격요법'(대부분의 국가자산을 사회의 일반인들에게 양도하는 방식) 대신에 점진적인 접근법을 추구했다.

민주화 시대의 초기 5년 동안 헝가리는 구시대적이고 비효율적이고 종업원이 필요 이상으로 많은 각종 산업과 기관이 해체되는 과정에서 경제적 고통을 감수해야 했다. 1990년부터 2010년까지 헝가리 정부는 간혹 실패를 겪었지만, 경제적 번영에 필요한 법치와 제도를 확립하고자 노력했다.

2010년에 우파인 오르반 빅토르가 총리로 선출되자 입법 분야의 대대적이고 급격한 변화(무엇보다도 브뤼셀과 서구세계의 은행업자들에 아첨하는 관행을 철폐하고 헝가리의 완전한 독립을 회복하기 위한 조치)가 진행되었다. 하지만 비판자들은 그런 변화로 인해 국가기관에 필요한 견제와 균형이 자취를 감추고 헝가리의 법치가 흔들린다고, 또 앞으로 대부분의 매체를 장악한 현직 정치인들이 선거에서 승리할 길이 열렸다고 주장한다.

오르반은 반유대 성향의 역사적 인물들을 복권시킴으로써 극우 지지표를 얻으려 한다는, 그리고 우파적 역사관을 장려한다는 비난을 받는다.

지난 20년 동안 빈부격차가 벌어지기 시작하면서 카다르 정권 시절의 확실성을 그리워하는 분위기가 조성되었고, 오르반의 경제정책으로 빈부격차가 심화되었다. 헝가리 정부는 최하층 증가 현상이라는 근본적인 문제를 해결하지 못했다. 그리고 비판자들은 저비용 제조업과 서비스 공유 체계에 힘입은 번영의 기미가 보이기는 해도 심각한 부패와 연고주의 탓에 소수의 지지자들과 총리 측근들만 이득을 본다고 주장한다.

중앙유럽에 등장한 지 11세기 뒤인 2004년 5월 1일에 헝가리인은 유럽연합에 가입했다. 그러나 첫 번째 등장에서 두 번째 등장까지의 여정은 무난하지 않았다. 가입 후 10여 년이 흘렀지만, 아직 많은 헝가리인은 유럽연합의 일원이라는 점을 불편하게 여긴다.

통치 형태

헝가리는 의회민주주의 국가이다. 명예직 대통령이 국가원수이다. 따라서 행정권은 총리가 이끄는 정부가 행사한다.

의회(공식 명칭은 국민의회)는 범죄자 같은 투표가 금지된 자를을 제외한 18세 이상의 시민들이 선출하는 의원으로 구성되고, 단원제이다.

2011년에 논란을 거쳐 채택된 새로운 선거법에 따라 규모가 축소된 새로운 의회는 199석으로 구성된다(1990년부터 2010년까지는 386석이었다). 의원 총 199명 중 지역구 의원 106명은 소선거구제를 통해 선출되고, 나머지 93명은 비례대표제를 통해 선출된다.

각 정당은 정당 득표율이 최소 5%가 되어야 비례대표 의석

을 차지할 수 있다. 헝가리에 거주하는 모든 유권자는 단순다수제를 통해 두 표를 행사한다(이전에는 결선투표제였다). 한 표는 해당 지역구 의원에, 나머지 한 표는 비례대표에 던진다. 새로운 선거법에 따라 부재자들도 투표할 수 있지만, 비례대표에만 표를 줄 수 있다.

국가원수는 공화국의 대통령이다. 대통령은 임기 5년으로 의회의 3분의 2 이상 찬성으로 선출된다. 대통령은 의회의 법안에 서명해야 하고, 법안을 연기하거나 재의에 부치거나 헌법재판소의 판결에 맡길 수 있는 제한적 권한을 지닌다. 또한 입법 절차를 개시하고 사면령을 내릴 권한도 있다. 대통령은 요새 언덕 위의 소박한 궁전에 거주하면서 업무를 본다.

의회는 총리를 과반수의 찬성으로 뽑고, 총리 휘하의 정부를 승인해야 한다. (아직 여성 총리는 없었다.) 총선거는 4년마다 열리며, 지방선거는 새로운 정부의 임기 첫해에 열린다.

정치

1990년에 실시된 첫 번째 자유 총선거 결과 헝가리 민주포럼

이 주도하는 중도우파 연합이 승리했다. 이후의 총선마다 정권교체가 이뤄졌지만, 2006년에는 사회당과 자유민주연합의 진보 연합이 재집권에 성공했다.

그러나 연합 정권은 내부 알력으로 붕괴했고, 사회당의 후원을 받는 전문가 출신 관료들이 국정을 맡아 2009~2010년의 세계 경제위기에 따른 여파를 극복하고자 안간힘을 썼다.

2010년 오르반 빅토르가 이끄는 청년민주동맹(피데스당)이 총선에서 압승을 거뒀다. 과거에는 흔히 신임 총리가 중요하고 돈벌이가 되는 모든 직책에 측근들을 심으면서 수많은 관료와 공무원이 해고되었다. 한편 오르반 정부는 협의나 자문 없이 일방적으로 직급을 망라한 대규모 행정개혁에 착수했다.

국회의원은 의회 출석률이 낮고, 회의장에서 트집과 모욕을 일삼는다. 집권당과 야당 간 협력은 찾아보기 힘들다. 정치인이 연루된 명예훼손 소송이 잦다. 여기에 부패와 연고주의가 맞물리면서 정치와 정치인에 대한 국민들의 전반적인 평가는 낮다.

의회는 3분의 2의 찬성으로 헌법재판소 재판관 15명을 선출한다. 12년 임기의 헌법재판관은 법률의 합헌 여부를 판결한다. 2010년까지 선출의 문턱을 넘을 만한 초당파적인 헌법재판관 후보자들을 찾기가 무척 어려웠다. 고충처리담당관, 감사원장, 법원장 등을 선출하는 과정에서도 비슷한 문제가 발생한다. 그러나 오르반 빅토르가 2010년과 2014년 총선에서 대승을 거둔 덕분에 이른바 '압도적 다수'라는 3분의 2 과반수가 확보되었다. 그러자 야당은 총리가 청년민주동맹 지지자들을 초당파적 직책에 앉히고 있다고 비난했다. 요즘 헌법재판소는 힘이 빠졌다. (정부는 2015년에 실시된 두 차례의 보궐선거에서 패배하는 바람에 3분의 2 과반수를 잃었다. 하지만 아직 정부는 필요한 경우 극우파 의원들의 표를 통해 지지를 확보할 수 있을 듯싶다.)

감사원과 검찰에 대한 존경심도 흔들리고 있다. 특히 검찰은 부다페스트 제5지구의 최고급 부동산을 정치적 후원자들에게 싼값에 매각했다고 하는 부패 스캔들의 명백해 보이는 증거를 외면했다.

비교적 나이든(따라서 더 독립적인) 판사 여러 명이 해임되었지만, 사법부는 대체로 믿을 만하다. 그러나 정치인에 대한 존경심은 역사상 최악 수준으로 보인다. 물론 이 같은 정치적 불신은 헝가리에 국한된 현상이 아니다.

• 헝가리의 집권당과 주요 정당 •

피데스당

엄밀히 말해 오르반 빅토르는 청년민주동맹의 당수이다. 하지만 대개의 경우 약칭인 '피데스'로 불린다. 피데스당은 독일의 기독민주연합과 비슷한 '보수당'으로 자처하고, 유럽 의회에서는 유럽 인민당의 일원이다.

원칙적으로 오르반은 피데스당과 기독민주국민당(KDNP)으로 이뤄진 연립정부의 총리이다. 2014년 총선에서 피데스당은 117석을, 기독민주국민당은 16석을 얻었다. 기독민주국민당이 피데스당의 간판 노릇을 한다는 점, 예를 들어 국고보조금을 더 많이 얻어내고 각종 위원회에서 피데스당의 세력을 강화할 목적으로 만들어진 정당이라는 점은 공공연한 비밀이다. 따라서 헝가리 행정부는 보통 '피데스 정부'로 불린다.

사회당(MSZP)

이 당은 전통적인 중도좌파 정당이고, 사회노동당을 계승한 정당이다. 1956년부터 1989년까지는 주로 '공산당'으로 불렸다. 사회당은 2010년 총선 패배와 민주연합 세력의 탈당에 따른 여파를 극복하고자 노력하고 있다.

우파연합(요비크)

2003년에 창당한 요비크는 민족주의적·반유대주의적·반집시적 의제에 힘입어 인기를 얻었고, 2014년 총선에서 20% 이상을 득표했다. 그러나 이후로 지금까지 당수인 보너 가보르는 비교적 온건한 노선을 취하고 있다.

민주연합(DK)

2004년부터 2009년까지 총리를 역임한 인물인 주르차니 페렌츠의 주도로 사회당에서 이탈한 세력이 2011년에 창당한 사회민주계열 정당이다.

대안정당(LMP)

피데스당을 싫어하는 보수 유권자들의 마음을 사려고 민족보수주의 성향을 드러내는 녹색 정치 정당이다.

헝가리를 위한 대화당(PM)

또 다른 정치에서 이탈한 분파이다. 이 당은 좌파 민주주의 정당들과의 연대를 2014년 선거전에서 이길 수 있는 유일한 현실적 방안으로 여겼다. 또 다른 정치는 독자노선을 완강하게 고수하려고 했다.

다함께당(Egyutt)

소규모 중도민주계열 정당이다.

헝가리 자유당(MLP)

2014년의 선거 연대를 통해 당선된 의원 한 명만 보유한 정당이다.

경제

민주화 이후 몇 년 동안 헝가리는 중앙계획경제에서 시장원리에 기초한 경제로 장족의 발전을 이뤘다. 대략 1997년까지 헝가리는 경제체제 전환의 측면에서 역내의 선두주자로 통했다.

하지만 그 과정에서 많은 헝가리인이 아픔을 겪었다. 과거에 경제상호원조회의의 무역장벽이 보호했던 여러 국영 기업은 품질이 더 뛰어난 외국산 수입품과 경쟁할 수 없었다. 헝가리 정부는 예산용 자금을 마련하기 위해, 그리고 최신 경영기법을 확보하기 위해 에너지와 수도 분야의 공익사업체를 비롯한 여러 허약한 기업을 민영화했다.

그 결과 대규모 잉여인원이 해고되었고, 극심한 경기침체가 찾아왔다. 이를 둘러싼 치열한 논쟁이 벌어졌고, 많은 헝가리 인들은 국가가 '귀중한 재산'을 팔아치웠다고 확신했다. 다소 반어적이지만, 가장 급진적인 시장개혁을 밀어붙이고 주로 제조업체에 대한 외국인 직접투자를 독려해 1997년부터 몇 년 동안 3.5~4.5%의 경제성장률을 기록한 것은 사회당과 자유민주연합 연립정부였다.

덕분에 21세기에 접어들 무렵까지 헝가리는 알코아, 제너럴모터스GE, IBM, 가디언글래스, 필립스, 일렉트로룩스, 아우디, 스즈키 같은 세계적 기업을 위시한 북미, 서유럽, 아시아 등지의 여러 제조업체를 유치했다.

그러나 1998년부터 2002년까지, 그리고 특히 2010년 이후 보수 성향의 피데스 정부가 논란에도 불구하고 의무 민간연금 기금과 대다수의 공익사업체, 몇 개의 은행과 여러 개의 기업을 다시 국유화함에 따라 민영화와 시장개혁 과정이 지체되거나 번복되었다.

【 세계 경제위기의 여파 】

경제적 관점이 바뀐 데는 헝가리를 강타한 2008~2009년의 세계 경제위기가 일정 부분 작용했다. 수출은 곤두박질쳤고, 특히 서비스업과 접객업 부문의 소규모 업체 수백 개가 파산했다. 헝가리 포린트화의 가치가 떨어져 월간 채무상환액이 늘어나는 바람에 외화표시대출(주로 스위스 프랑화)을 받은 수십만 가구가 일제히 타격을 입었다.

2008년 가을 채권 투자자들이 불어난 재정적자를 더 이상 관리해주지 않을 듯하자 헝가리 정부는 국제통화기금IMF에 손을 내밀었다. 헝가리 경제 규모는 2009년에 6.5% 줄어들었다. 비록 그해 하반기에 바닥을 치고 서서히 되살아나기 시작했지만 많은 헝가리인은 체제에 불만을 느꼈고, 결국 오르반 빅토르가 이끄는 피데스당이 2010년 총선에서 압승을 거두는 결과를 이끌었다.

독일의 성장률 회복(속도는 느렸지만 헝가리의 제조업 부문 수출에 보탬이 되었다)과 유럽연합 기금을 확보하려는 정부의 적극적인 노력에 힘입어 헝가리 경제는 2014~2015년에 3~3.5% 성장했고, 앞으로 몇 년간 2~3% 성장할 듯하다. 경상수지가 최고 수준을 기록하고, 2016년 중반에 실업률이 5.5%까지 떨어지자 정부는 경제가 성공적이고 지속 가능한 성장세를 탔다고 주장했다.

모든 면이 아주 긍정적으로 보인다. 그러나 일부 소신 있는 경제학자들은 거시 지표를 믿을 수 없다고 경고한다. 그들은 유럽연합 기금을 방정식에서 제외하면 국내총생산이 증가하지 않을 것이라고 본다. 게다가 실업 관련 수치는 해외 취업과 공공사업 계획에 힘입어 호전되었다. 하지만 해외 취업은 통계적으로는 여전히 국내 취업으로 잡힌다. 약 20만 명의 미숙련 노동자를 장부상의 취업자로 상정하는 공공사업 계획은 그들이 노동시장에서의 실제 취업자가 되도록 효과적으로 돕지 못한다.

또한 오르반 정부는 재정적자 비율을 3% 미만으로 유지하는 데 집착했지만, 거듭된 부인에도 불구하고 2010~2014년에 재정적자를 줄이려고 실시한 긴축정책 탓에 사회복지, 의료, 교육 부문의 인력 수십만 명이 비참한 수준의 급료를 받으며 불만을 품게 되었다.

공무원들만 절박감을 느낀 것은 아니었다. 2010년부터 지금까지 외국으로의 이민이 크게 늘어났다. 2016년 약 50~60만 명의 헝가리인이 영국, 독일, 오스트리아를 비롯한 외국에서 일한다. 고학력의 국외 이주자들이 많아지면서 경기가 회복되자 2014년에 고용주들이 웨이터와 엔지니어 같은 숙련 및 미숙련 노동자가 부족하다고 불평하기 시작했다.

장려금을 통해 국외 이주자들의 귀국을 유도하려는 노력이 수포로 돌아가자 2016년 중반 노동력 부족 사태를 해결하고자 헝가리 정부는 유럽연합에 가입하지 않은 나라의 국민들의 이민을 '일시적'으로나마 허용했다. 이 조치의 성공 여부는 지켜봐야 할 듯하다. 어떤 결과로 이어지든 간에 임금 상승과 경쟁력 상실을 피하는 한편 이 문제를 해결하려는 정부는 향후 10년 동안 험난한 길을 걸을 것이다.

부다페스트

헝가리의 수도 부다페스트는 빈이나 런던에 비해 자국에서의 위상이 훨씬 더 우월하다. 우선 헝가리 지도를 보기 바란다. 모든 간선도로와 고속도로가 부다페스트에서 사방으로 뻗어 나가고 있을 것이다.

이 점은 경제적 측면에서도 입증된다. 전체 인구의 18%가 살고 있는 부다페스트는 경제 산출(국내총생산)의 39%를 담당한다.

이 같은 주도권은 전혀 새로운 것이 아니다. 오부더를 내려다보는 부다성 지구(부더바르)는 중세 헝가리의 도읍이자 수도였다. 물론 몇몇 왕은 에스테르곰, 세케슈페헤르바르, 비셰그라드 등을 도읍지로 삼기도 했다. 오스만 제국 치하의 중앙헝가리 지역은 부다의 태수가 다스렸고, 합스부르크 제국 관할 지역은 포조니(슬로바키아의 수도인 브라티슬라바)를 중심으로 통치되었으며, 트란실바니아의 제후들은 콜로주바르(오늘날 루마니아에 속하는 클루지나포카)에서 정사를 살폈다. 포조니는 귀족 회의가 열리는 일상적인 장소로 남았지만, 수도로 발돋움할 가능성은 1848년 혁명으로 사라지고 말았다.

그 무렵 두너강의 왼쪽과 오른쪽 기슭에 위치한 페스트와 부다가 헝가리의 주요 도시 지역을 형성하고 있었지만, 헝가리의 중심은 여전히 도시가 아니라 농촌과 농업이었다. 수도의 급속한 발전은 1876년에 오스트리아와의 대타협이 이뤄지고 페스트, 부다, 오부더가 통합된 뒤 시작되었다. 19세기 후반 부다페스트의 인구는 71만 7,681명이었다.

제1차 세계대전 이후 헝가리가 영토를 잃으면서 부다페스트의 주도권이 두드러졌다. 포조니(브라티슬라바)와 커셔(코시체) 같은 도시는 체코슬로바키아에, 콜로주바르(클루지나포카)와 테메슈바르(티미쇼아라)는 루마니아에, 우이비데크(노비사드)는 신생 유고슬라비아 왕국에 양도되었다. 1948년 주변의 몇몇 도시와 마을을 병합한 부다페스트는 인구 160만 명의 대도시로 발돋움했다.

오늘날 부다페스트의 인구는 약 170만 명이다. 부다페스트를 포함한 수도권의 인구는 330만 명이다(헝가리 제2의 도시인 데브레첸의 인구는 20만 명에 불과하다). 부다페스트는 선출직 시장 휘하의 지자체 당국과 33명의 의원으로 구성된 의회가 관할한

다. 부다페스트는 33개의 지구로 나뉘고, 각 지구에도 구청장과 의회가 있다. 그동안 부다페스트시와 각 지구 간의 업무 분담은 부자연스럽고 임의적인 방식으로 진행되었다.

폭 300~600m의 두너강은 부다의 가파른 언덕과 페스트의 평원 사이를 흐른다. 두너강 양쪽에서 바라본 경치는 정말 아름답다. 국회의사당, 부다 왕궁, 부다 성 지구, 주요 교회의 탑과 반구형 지붕, 과학원, 그레슈험 궁전, 멋진 19세기 건물

같은 부다페스트의 주요 건축물을 강기슭에서 볼 수 있다. 이곳은 유네스코 세계문화유산 구역이다.

강 하류를 따라 북쪽에서 남쪽으로 내려가면 부다페스트에서 가장 큰 섬인 허요자리섬(일명 조선소섬)이 보인다. 이 섬에서는 매년 인기 있는 국제 시게트('섬'이라는 뜻) 록음악 축제가 열린다. 자동차가 다니지 못하는 머리기트섬은 부다페스트에서 가장 매력적이고 인기 높은 공원이다. 여기에는 수영장과 몇 개의 호텔이 있다. 부다페스트 남쪽의 체펠섬에는 부다페스트의 공업구역인 제21지구와 몇 개의 마을이 있다.

기원전 35년~서기 433년 로마인들이 판노니아를 지배했다.

895~896년 마자르족이 카르파티아 분지에 정착하기 시작했고, 970년까지 유럽 전역을 습격했다. 트란실바니아가 식민지가 되었다.

972~997년 게저 대공이 신성로마 제국에 사절을 보냈고, 헝가리에서 기독교 선교사들이 활동하도록 허용했다.

1000~1038년 초대 국왕인 이슈트반 1세가 서유럽식 기독교 봉건국가 체제를 확립했다.

1083년 교황이 이슈트반 1세, 그의 아들 임레, 그리고 겔레르트 주교를 시성했다.

1172~1196년 벨러 3세의 치세에 헝가리가 발칸 반도의 강국으로 발돋움했다.

1192~1195년 헝가리어로 작성된 가장 이른 시기의 산문 문헌인 '추도사'가 기도문 사본(Pray Codex)에 수록되었다.

1241~1242년 몽골족이 헝가리에 침입해 약탈했다.

1301년 언드라시 3세를 끝으로 아르파드 왕조가 막을 내렸다. 이후 6년간의 내란 끝에 카로이 1세가 헝가리의 군주가 되었다.

1342~1382년 러요시 1세가 달마티아를 정복했다. 1360년에는 유대인을 추방시켰다. 1370년에는 폴란드의 왕위에도 올랐다.

1433년 지기스문트가 신성로마 제국의 황제가 되었다. 이미 그는 1387년에 헝가리의 왕위에 올랐고, 1420년에는 보헤미아의 왕, 1431년에는 이탈리아의 왕이 되었다.

1456년 후녀디 야노시가 오스만 제국군에 맞서 베오그라드를 방어했다.

1458~1490년 마차시 1세가 중앙집권적 정부를 구축했다. 헝가리는 군사 강국이자 문화의 중심지가 되었다.

1526년 모하치 전투. 쉴레이만 대제 휘하의 오스만 제국군이 헝가리군을 대파했다.

1541년 부다가 오스만 제국군에게 함락되었다.

1570년 슈파이어 조약을 통해 오스만 제국과 합스부르크 제국이 헝가리의 영토를 분할했고, 트란실바니아는 독립 공국이 되었다.

1672년 퇴쾨이 임레가 합스부르크 제국에 맞서 반란을 주도했다. 그는 1678년에 헝가리 북부 지방에 오스만튀르크계의 연합 공국을 세웠다.

1686년 기독교군이 오스만 제국군을 물리치고 부다를 탈환한 뒤 약탈했다. 퇴쾨이가 이끈 반란이 진압되었다.

1699년 카를로비츠 조약으로 헝가리가 오스만 제국의 지배에서 벗어나 다시 합스부르크 제국에 편입되었다.

1703~1711년 트란실바니아 공작 라코치 페렌츠 2세가 오스트리아에 대항하는 봉기를 이끌었다. 오스트리아는 마지못해 헝가리의 국체를 존중하겠다고 약속했다.

1722년 헝가리 국회와 합스부르크 왕가가 합의한 국사조칙에 따라 헌법과 국왕의 관계가 규정되었다.

1777년 교육령을 통해 교회가 학교를 운영하게 되었다.

1809년 나폴레옹이 빈에서 죄르 쪽으로 진격했다. 민병대로 구성된 헝가리의 반란군이 출전했으나 패배했다.

1825년 세체니 이슈트반 백작이 헝가리 국립과학원의 전신인 학술원의 설립 기금을 댔다.

1844년 헝가리어가 공용어가 되었지만, 헝가리인은 전체 인구의 절반에 미치지 못했다.

1848년 헝가리도 유럽의 사회적·정치적 불안에 따른 영향을 받았다. 코슈트 러요시가 민족혁명을 주도했다. 반(半)봉건적 성격의 국회가 국민의회에 굴복했다. 3월법에 따라 농노제가 폐지되었다. 전쟁이 일어났지만, 크로아티아인을 비롯한 다른 민족들은 오스트리아의 편에 섰다.

1849년 국민의회가 합스부르크 왕가와 절연하고 코슈트 러요시를 국가원수로 선출했다. 러시아가 오스트리아를 위해 개입했고, 헝가리는 굴복했다. 이후 처형과 직접 통치의 시기가 찾아왔다. 망명한 코슈트 러요시는 헝가리 민족을 피억압 민족의 전형이라고 호소했다.

1867년 합스부르크 왕가와의 대타협으로 헝가리는 자치권을 얻었고, 이중군주국의 일원으로서 오스트리아와 어깨를 나란히 했다. 이후 경제적·사회적 발전이 진행되었다.

1868년 교육법이 제정되어 헝가리어를 쓰는 6년간의 의무교육이 실시되었다. 유대인 해방령이 선포되었다.

1914년 오스트리아-헝가리가 세르비아에 선전포고함으로써 제1차 세계대전이 촉발되었다.

1918~1919년 전쟁에서 패배한 합스부르크 제국이 붕괴했다. 1918년 10월 30일에 카로이 미하이 백작이 주도한 혁명이 일어났으나 영토 상실로 귀결되었다. 1919년 3월 21일에 일어난 두 번째 혁명으로 쿤 벨러의 공산정권이 수립되었지만, 체코군과 루마니아군의 공격을 받았고, 해군 제독 호르티 미클로시가 집권했다. 이후 보복이 따랐다.

1920년 의회가 호르티 미클로시를 섭정왕으로 선출했다. 정원제한법에 따라 고등교육 부문과 일부 전문직에서 유대인 비율이 제한되었다. 트리아농 조약으로 헝가리는 국토의 71%와 인구의 63%를 상실했다.

1932~1936년 굄뵈시 정부의 외교정책에 따라 헝가리는 추축국 편에 섰다.

1938년 1차 유대인법으로 유대인의 취업이 제한되었다. 히틀러가 중재한 1차 빈 조약에 따라 슬로바키아의 영토 일부가 헝가리에 할양되었다.

1939년 서브카르파티아가 헝가리에 할양되었다. 2차 유대인법으로 유대인의 인종적 성격이 규정되었고, 유대인의 정치적 권리가 제한되었고, '불순분자들'에 대한 부역노동제가 도입되었다.

1940년 2차 빈 조약으로 트란실바니아가 헝가리에 할양되었다.

1941년 헝가리군이 독일군과 함께 유고슬라비아를 공격했고, 헝가리는 그 대가로 1920년에 빼앗긴 영토를 되찾았다. 헝가리가 소련과 영국을 상대로 전쟁을 시작했다.

1943년 두너강 만곡부에서 헝가리 제2군이 전멸했다.

1944년 독일이 점령한 헝가리에 나치 정권이 들어섰다. 호르티의 노력에도 불구하고 헝가리는 전쟁의 늪에서 빠져나오지 못했다. 유대인들이 집단처형장으로 이송되기 시작했다. 소련군이 주둔한 도시 데브레첸에서 임시 의회가 열렸다.

1945년 제2차 세계대전이 끝났다. 제2차 세계대전으로 헝가리 국민 100만 명이 사망했고, 헝가리 국부의 40%가 사라졌다. 자유 총선거가 실시되었다.

1946년 소련이 운영한 동맹조정위원회에 힘입어 공산주의 세력의 영향력이 점점 커졌다. 극심한 인플레이션이 화폐 개혁과 포린트화 도입으로 해결되었다.

1946~1948년 경제와 교육이 국유화되었다. 파리 조약에 따라 전쟁으로 얻은 영토를 모두 잃었다.

1948년 공산당과 사회민주당의 강제 합당으로 라코시 마차시 치하의 소련식 1당 독재가 시작되었다. 자원이 중공업 분야로 몰리면서 생활 수준이 급격히 낮아졌다. 대규모 억류와 이주 작업이 진행되었다. 가톨릭교회의 수장인 민드센치 추기경도 공개재판의 희생양이 되었다.

1955년 개혁적 공산주의자인 너지 임레 수상이 실각했다. 바르샤바 조약기구가 결성되었다.

1956년 소련에 반대하는 봉기가 부다페스트에서 일어났다. 수상으로 복귀한 너지 임레는 바르샤바 조약기구 탈퇴를 선언했다. 서구세계나 국제연합의 지원에 대한 희망이 시들었고, 소련군이 다시 부다페스트로 쳐들어와 카다르 야노시의 괴뢰 정부를 세웠다.

1956~1958년 너지 임레를 비롯한 200명 이상이 처형되었다.

1959년 농업 집산화가 완료되었다.

1968년 '시장 사회주의'라는 신경제정책이 도입되었다. 헝가리가 소련의 체코슬로바키아 점령을 도왔다.

1978년 미국의 지미 카터 대통령이 '신성한 왕관'을 헝가리에 반환했다.

1984년 영국 총리 마거릿 대처가 헝가리를 방문하면서 서구세계와의 친선관계가 강화되었다.

1987~1989년 야당 세력이 공개적으로 규합했다. 카다르 야노시가 공산당 서기장직에서 물러났다.

1989년 공산당과 야당의 원탁회의에 따라 다당제의 길이 열렸다.

미국의 조지 부시 대통령이 헝가리를 방문했다. 동독 난민들이 서유럽으로 피할 수 있도록 헝가리가 오스트리아와의 국경을 개방함으로써 철의 장막이 무너졌다. 헝가리 인민공화국이 붕괴했다.

1990년 헝가리 주둔 소련군이 철수하기 시작했다. 총선거 결과 급격한 자유시장적 개혁을 추구하는 중도우파 연립정부가 탄생했다.

1990~2000년 시장경제가 복원되었고, 국가 자산의 대규모 민영화가 시행되었다.

1994년 총선거 이후 사회당과 자유민주연합 연립정부가 구성되었다.

1996년 헝가리가 경제협력개발기구(OECD)에 가입했다. 미국의 빌 클린턴 대통령과 교황 요한 바오로 2세가 헝가리를 방문했다.

1998년 총선거를 통해 오르반 빅토르 총리가 이끄는 우파 연립정부가 출범했다.

1999년 헝가리가 북대서양조약기구(NATO)에 가입했다. 세르비아 폭격에 필요한 시설을 제공했고, 아프가니스탄과 이라크에 주둔한 미군을 지원했다.

2002년 총선거 이후 사회당과 자유민주연합 연립정부가 주도했다.

2004년 헝가리가 유럽연합에 가입했다.

2006년 총선거 결과 사회당과 자유민주연합 연립정부가 재집권했다. 2006년 9월 주르차니 페렌츠 총리가 비공개회의에서 "우리는 밤낮으로 거짓말을 했다"라고 말했다는 소식이 보도되었다. 그 결과 부다페스트에서 유례없는 규모의 반정부 시위가 일어났고, 국영 텔레비전 방송국이 습격을 당했다.

2008년 세계 경제위기의 여파로 헝가리가 국제통화기금(IMF)에 2천만 유로의 긴급구제금융을 요청했다.

2010년 오르반 빅토르와 피데스당이 의회에서 3분의 2 과반수를 확보했다. 급진 우파 정당인 요비크가 23석을 차지하면서 제3당으로 발돋움했다.

새로 구성된 의회가 주로 외국계 기업을 겨냥하는 '긴급세'를 비롯한 여러 가지 법률을 연거푸 통과시켰다.

2012년 신헌법이 발효되었다. 헝가리 국적항공사인 멀레브가 파산했다.

2010년부터 임기를 시작한 팔 슈치미트 대통령이 박사학위 논문 표절 의혹이 터진 뒤 사임했다.

2014년 헝가리 정부가 러시아 국영기업이 설계하는 원자력발전소 건설 계획을 승인했다. 120억 유로 규모의 건설 자금은 러시아 당국이 제공하는 차관으로 해결할 예정이었다.

오르반 빅토르가 다시 의회에서 3분의 2 과반수를 얻었다.

인터넷 서비스 공급자들에게 세금을 부과하는 방안에 항의하는 시위가 벌어지자 정부가 물러섰다.

2015년 오르반 빅토르의 심복으로 통했던 미디어 업계의 거물 시미치커 러요시가 공개적으로 총리와 결별했다.

난민 '위기'가 발생했다. 정부는 전쟁에 시달리는 중동 출신의 망명자들을 막기 위해 세르비아, 크로아티아와 맞닿은 남쪽 국경에 장벽을 설치했다.

비평가들은 헝가리가 이주자들에 대한 증오를 부추긴다고, 또 망명자 관련 국제법을 무시한다고 주장한다. 오르반 총리는 유럽연합의 셍겐 국경을 수호하는 것이 첫 번째 임무라고, 또 대규모 이주에 반대한다고 주장했다.

2016년 오르반 빅토르는 유럽연합에 대한 총공세의 일환으로, 난민의 이주를 허용하려는 유럽연합의 방안에 대한 찬반 여부를 국민투표에 부쳤다. 이후 정부는 대대적인 홍보 활동을 펼쳤고, 투표자의 98%가 정부의 바람대로 '반대표'를 던졌다. 그러나 투표율이 50%에 미치지 못했기 때문에 국민투표는 무효가 되었다.

반정부 성향의 주요 신문인 〈넵서버드샤그〉의 오스트리아인 사주가 겉으로는 재정적 이유를 내세우며 폐간을 결정했다. 얼마 지나지 않아 그는 12개의 지역 일간지를 비롯한 나머지 자산을 정부와 가까운 것으로 알려진 회사에 매각했다.

국제학생평가 프로그램의 평가 결과에 의하면 과학과 독해 과목에서의 헝가리의 교육 수준이 더 떨어졌다. 2013년에도 교육 수준이 낮아지고 있다는 결과가 나온 바 있다.

02

가치관과
사고방식

헝가리가 1989~1990년의 전체주의적 공산통치에서 벗어난 지 25년 이상이 흘렀다. 40년간의 공산주의 체제는 헝가리인이 서로 관계를 맺는 방식에 막대한 영향을 미쳤다. 헝가리 사회는 구성원들에게 매우 중요한 의미를 띠는 작은 단위로 쪼개지고 말았다. 가족과 친구, 동창생과 스승, 이웃과 지인 간의 인연이 사회를 채우는 재료가 되었다.

헝가리는 희망적인 분위기 속에서 21세기에 접어들었다. 경제 상호원조회의(공산권판 공동시장)의 해체에 따른 충격과 씨름한 뒤, 경제는 활기를 띠었고, 헝가리는 유럽연합 가입을 향해 순항했다. 국민적 자부심은 만족스러운 수준이었다. 외부세계에서 바라보는 헝가리의 이미지는 함께할 수 있는 나라, 혹은 기대에 부응하는 나라였다. 비록 그 이미지의 일부분은 우연이나 오해의 산물일 수 있겠지만, 많은 부분은 뿌듯한 자랑거리가 되었다.

하지만 2008년에 세계 경제위기가 헝가리를 강타했고, 사회당과 자유민주연합 연립정부를 향한 환멸의 분위기가 널리 퍼졌다. 2010년 총선에서 오르반 빅토르가 총리에 선출된 뒤의 정치적 격변으로 국론이 양분되었다. 그 분열의 이미지를 현실에 가까운 것으로 여기는 사람들도 있고, 심각하게 훼손된 것으로 바라보는 사람들도 있다. 그 이미지 이면에는 헝가리를 찾은 관광객과 사업가와 언론인이 미리 알기 힘든 가치관과 사고방식이 숨어있다.

이미지와 자아상

서유럽에는 작지만 용감한 벨기에가 있듯이 중앙유럽에도 작지만 용감한 헝가리가 있다(중부유럽의 문화적 자취가 남아있는 중앙유럽은 구소련 시절의 우중충한 느낌을 풍기는 동유럽보다 나은 지명으로 통한다). 16세기부터 19세기까지 오스만 제국, 그리고 합스부르크 제국과 전쟁을 치르는 동안 헝가리인들은 곤경에 처한 용감한 사람들이라는 명성을 얻었다. 20세기에 접어들어 헝가리인들은 1945년부터 1990년까지 이어진 소련의 점령과 간섭을 겪으며, 특히 1956년 혁명에서 보여준 저항을 계기로 그 긍정적인 평판을 다시 누렸다.

그러나 헝가리인에게는 뿌리 깊은 역사적 불만이 있다. 그 중에서 가장 심각한 것은 제1차 세계대전 이후 헝가리 영토를 크게 축소시킨 트리아농 조약을 둘러싼 불만이다. 외부인에게 그런 분노는, 예를 들어 아일랜드 국민의 불만에 대한 영국 국민의 반응에서 짐작할 수 있듯이 난처한 것, 심지어 불쾌한 것이다. 요즘 벨파스트에 폭탄을 퍼붓고 싶어 하는 아일랜드인이 드물듯, 트리아농 조약으로 형성된 국경을 변경하는 방안을 진지하게 고려하는 헝가리인도 거의 없다. 하지만 트리아농 조약을 둘러싼 불만은 국민적 아쉬움의 일부분으로 남아있다. 헝가리인은 비록 아픔은 겪었지만 아직 굴복하지 않겠다는 생각을 품고 있다.

여기서 반드시 언급해야 할 점은, 중앙유럽과 동유럽 지역에서의 헝가리에 대한 이미지와 다른 지역에서의 이미지가 다르다는 사실이다. 헝가리인이 주변국을 원망할 때가 자주 있듯이 이웃나라 사람들도 헝가리를 싫어할 때가 많다. 주변국 국민들이 볼 때 헝가리는 과거에 그들이 지배했던 주변 민족들과 관련해 매우 떳떳한 역사를 남기지는 못했다.

현재, 주변국에 자리 잡은 헝가리계 소수민족사회는 가끔 논쟁의 초점으로 떠오를 때가 있다. 물론 해당 국가의 주류와 헝가리계 소수민족사회 간의 상호적대감은 다양한 정도로 나타난다. 슬로바키아, 루마니아, 세르비아에서는 비교적 상호적대감이 심하고, 오스트리아, 크로아티아, 슬로베니아에서는 매우 약하다.

헝가리에 대한 서로 다른 이미지의 한 가지 차이점은 이들 이미지에 반영되는 친밀함의 정도이다.

주변국의 일부 국민은 분명히 헝가리 정부의 의도를 계속 의심하지만, 오늘날 헝가리를 찾은 수백만 명의 관광객 대부분은 무척 긍정적인 경험을 한다. 대개의 경우 관광객들은 형가리의 문화 상품, 박물관, 식당, 교통, 안전한 거리에 감동받는다. 농촌 지역을 관광하는 사람들에게 바로크 양식 교회의 화려한 외관과 포도주 축제 같은 각종 축제의 재미는 행복한 기억으로 오래 남는다.

문화

형가리 주변의 중앙유럽인들은 흔히 민족주의를 형가리의 특성이자 잠재적 위협으로 여길 공산이 크다. 반면 서유럽인들과 북미인들은 형가리인을 교양 있고 친절하며 활발하고 재치 있는 사람들로 볼 가능성이 높다. 형가리에는 요즘 들어 외부인의 기대에 부응해야 할 일정한 이미지가 있다.

'교양 있는' 이미지의 인식 이면에는 1930년대부터

1960년대까지 영화업계에서 활동한 알렉산더 코르더와 조지 큐커, 그리고 19~20세기에 음악계에서 활약한 리스트, 칼만, 레하르, 도흐나니, 버르토크, 코다이 같은 작곡가들과 지휘자인 게오르그 솔티 경을 비롯한 헝가리인들의 업적이 있었다.

그런데 헝가리인들이 특별히 더 교양 있거나 교육 수준이 높은 것일까? 헝가리의 김나지움(학구적 분위기의 중등학교)은 영국의 종합중등학교나 미국의 고등학교보다 학생들에게 요구사항이 더 많다. 중산층 가정 자녀에 대한 부모의 기대치도 영국과 미국보다 더 높다.

흔히 헝가리인은 김나지움 제도의 효과를 생생히 보여주는 사례로 세계에서 노벨상 수상자를 가장 많이 배출한 점을 내세운다. 어떤 자료에 의하면 헝가리 출신 노벨상 수상자는 18명이지만, 18명보다는 13명이 더 자주 인용되는 수치인 듯하다. 18명이든 13명이든 간에 인구가 약 1,000만 명에 불과한 점을 감안하면 놀라운 결과이다(그러나 사실 헝가리 노벨상 수상자의 숫자와 관련한 주장은 정확한 근거를 대기가 어렵다. 무엇보다 민족 구성이 다양하고 인구이동이 다양한 지역에서 국적을 규정하기가 매우 힘들기 때문이다. 확실히 그 노벨상 수상자들은 대부분 오늘날의 헝가리가 아닌 곳에 거주할 때 상을 받았다). 그러나 엄밀한 의미의 정체성이나 정확한 인원수와 무관하게 헝가리 태생의 과학자, 공학자, 의사, 혁신가는 다양한 분야에서 인류 발전에 분명히 공헌했다.

모든 10대 청소년이 김나지움에 진학하지는 않는다. 직업학교에서는 가끔 낮은 수준의 보통교육을 실시하고, 낙후된 직업기술을 가르칠 때가 있지만, 점점 더 많은 학생들이 직업학교에 입학한다. 헝가리 정부는 이 같은 교육 수요를 충족시키고 있다고 장담한다.

공산주의의 후유증

헝가리가 1989~1990년의 전체주의적 공산통치에서 벗어난 지 25년 이상이 흘렀다. 40년간의 공산주의 체제는 헝가리인이 서로 관계를 맺는 방식과 그들의 자아상에 막대한 영향을 미쳤다.

1956년 이후 카다르 야노시가 이끈 헝가리의 공산정권은 1970~1980년대에 이르기까지 비교적 활발하고 서민과 소비자를 중시하는 '굴라시 공산주의'에 힘입어 서구세계의 호의를 샀다. 헝가리는 소련과 매우 다른 방식으로 경제를 운영했고,

덕분에 헝가리에는 빵을 배급받으려고 길게 늘어선 줄이 없었다. 당시 헝가리는 동유럽과 서유럽의 관계 개선에 나섰고, 양쪽 사이에서 아슬아슬하게 줄타기하는 위성국가(물론 소련의 허수아비)로 간주되었다. 그리고 카다르 정권은 예술 분야에서도 전위적인 이미지를 풍기려고 했다.

두려움과 변화

카다르와 그가 엄선한 엘리트들은 자비로운 책략가를 자처했다. 그들은 헝가리 국민들이 되도록 모스크바 당국의 심기를 건드리지 않으면서 지낼 수 있도록 유도했다. 확실히 모스크바 당국에 대한 두려움이 한 가지 요인이었지만, 또 다른 원인도 있었다. 그것은 바로 자국민에 대한 두려움이었다. 끔찍한 유혈극인 56년 혁명이 재발하기를 바라는 사람은 아무도 없었을 것이다. 1960년대부터 다수의 공산주의자들은 동유럽 공산권이 서방국가들에게 밀린다는 사실이 차츰 확실해짐에 따라 동요하기 시작했다.

실제로 헝가리 공산당 고위인사들은 정치적·경제적 엘리트로 활동할 수 있는 점에 만족했고, 그 대가가 공산주의에 대한 찬양이었어도 상관없었다. 오늘날 많은 헝가리인은 옛 공산당 출신의 엘리트들이 공산주의 몰락 이후의 민영화 과정에서도 큰 이득을 봤다는 의구심을 품고 있다.

그러나 공산주의 체제는 역사상 가장 심각하게 전체주의적인 체제였다. 심지어 피상적인 인간화와 시장화를 거친 헝가리식 공산주의 체제도 마찬가지였다. 나치즘과 파시즘은 야만성의 측면에서 공산주의보다 더 심각했을지 모르지만, 공산주의 체제는 범위와 포괄성의 측면에서 타의 추종을 불허했다. 공산주의 체제는 파시즘과 달리 중앙정부와 지방정부, 사회 및 정치 구조, 군대, 교육제도에만 마수를 뻗지는 않았다. 공산주의 체제는 민간의 모든 목소리를 잠재웠고, 경제를 둘러싼 절대적 지배력을 휘둘렀다.

헝가리도 예외는 아니었다. 카다르 정권은 제한적이고 왜곡된 시장력에 대처하고자 일부 공산당 간부들에게 기업 경영자의 탈을 씌운 뒤 행동의 자유를 부여하는 방안을 만지작거렸지만, 소용없었다. 공산당 간부들은 국영 기업의 관리자로 합류해 특별대우와 별도의 정부 자금을 요청할 수도 있었다. 위험부담은 전혀 없었다. 단 하나의 주요 기업만 카다르 정권 치하에서 파산했다. 나머지 모든 적자 회사는 몇 번이고 구제되었다.

직업윤리

공산체제에서는 직업윤리가 붕괴했다. 생산성은 하락했고, "급료를 주는 척하면 일하는 척하는 거죠"라는 농담이 있을 정도였다. '공식' 직책 외에 한두 가지의 부업에 종사하고, 부업을 위해 공식적인 업무시간과 자산을 활용하는 경우가 보통이었다(1990년대의 일부 외국 투자자들은 헝가리의 이런 관행 때문에 난처해했다. 현지의 종업원들은 서구 기업에게 급료를 받고 싶어 했지만, 정해진 시간만큼 일하는 데는 소극적이었다). 그러나 적절히 관리할 경우 헝가리 노동자들은 최고의 생산성을 올릴 수 있다.

지금도 그렇지만, 공산정권기에도 헝가리 국민은 연줄이 튼튼한 자들이 점점 부를 늘려가는 모습에 냉담한 반응을 보였다. 개인적으로 매우 검소한 카다르가 집권했던 시절에는 공산당원들이 부를 노골적으로 과시하기 어려운 분위기였다. 그러나 요즘은 사정이 다르다. 벤츠의 운전자가 차를 세우고 나오

더니 시끌시끌한 노숙자 무리를 지나쳐 사치품을 사러 상점에 들어가도 문제가 없다. 운전자를 주시하는 사람은 별로 없을 것이다. 설령 운전자를 쳐다봐도 별다른 반응을 보이지 않을 것이다.

서열과 지위

사회의 전반적 문화와 여러 기업의 문화는 1990년 이전보다 한층 더 유연해졌지만, 아직 헝가리는 평직원이 임원에게 하이 파이브를 하면서 인사할 수 있는 나라가 아니다.

유럽 대륙의 상당수 지역에서, 특히 역사적으로 독일의 영향을 받은 지역에서 그렇듯이, 직함과 학력이 중요할 때가 많다. 명함에는 박사, 문학 석사, 이학 석사 같은 학위가 두드러지게 표시된다. 형식적 의례는 부다페스트 이외의 지역에서 더 지키는 편이지만, 부다페스트에서도 은행 같은 일부 회사에는 보수적인 문화가 남아있고, 신입 관리자들은 회의에서 고위 간부를 존중하는 편이다.

사회적 파편화

전체주의적인 공산주의 통치로 인해 헝가리 사회는 구성원들에게 매우 중요한 의미를 띠는 작은 단위로 쪼개지고 말았다. 가족과 친구, 동창생과 스승, 이웃과 지인 간의 인연이 사회를 채우는 재료가 되었다. 왜냐하면 서구세계에서 찾아볼 수 있는 시민사회의 정상적인 단계가 이미 무너졌기 때문이다. 개인적 인연에 의존하는 현상은 1990년 이후의 탈脫 공산주의 시대에도 남아있다.

공산정권기의 또 다른 유산은 저축에 소극적인 태도이다. 특유의 결함에도 불구하고 공산주의 체제는 복지국가를 건설했고(막대한 외채 덕분에!), 무상의료, 연금, 질병 수당, 노동권, 육아 수당을 제공했으며, 구내식당 식사, 음식, 의복, 주택, 교육, 교통, 극장, 책, 음반, 휴가 등에 보조금을 지급했다. 한편 임금은 비교적 적었고, 임금을 노력의 정도에 따라 차등 지급하는 경우는 극히 드물었다.

생산성은 낮았고, 복지 분야의 막대한 지출은 수요와 어긋났다. 공영 주택을 예로 들어보겠다. 공영 주택은 여러 가지 기준에 따라 할당되었는데, 그중에서 '필요성'은 한 가지 기준에 불과했다. 아파트는 흔히 주택 담당 부서에서 영향력을 행사하는 자의 친구와 친척에게 배정되었다.

사실상 무산계급국가로 통하는 나라에서 무산계급에 대한 차별이 있었다. 노동계급이라고 칭하기 어려운 관료, 사무원, 관리자 등은 아파트를 배정받을 공산이 컸지만, 하층 노동자는 운이 좋아도 값싼 토지를 받아 여가시간에 손수 집을 지어야 했다. 더 운수 좋은 공산당 고위 간부들은 희귀한 공영 주택을 할당받았을 뿐 아니라 그들이 납부하는 공영 주택의 집세도 매우 저렴했다.

만성적인 주택 부족 사태가 이어졌고, 거액의 국고는 소수 특권층의 집세를 보조해주는 데 쓰였다. (지금 오르반 정부도 이 같은 비난을 받고 있다. 세금, 주택 보조, 가정 지원 등을 둘러싼 오르반 정부의 정책은 의심할 바 없이 저소득층보다 중상류층에 유리하다.)

지출

돈을 모으려는 동기를 얻기가 힘들었다. 사람들은 자신이 가진 돈으로 구매할 수 있는 적당한 대상이 있는지에 주목했다.

실질금리가 마이너스로 돌아서면서 은행예금이 시시각각 줄어들었기 때문에, 돈을 은행에 맡기는 편보다 부유하고 영향력 있는 자에게 파티를 열어주는 편이 더 나았다. 어떤 사람들은 십에 대리석 욕실을 만들거나 해외에서 휴가를 즐겼다 (대다수 공산국가들과 달리 헝가리는 1964년 이후 많은 국민에게 해외여행을 허용했다).

1990년대에 물가가 크게 오르자 국민에게 저축을 장려하기 힘들어졌다. 오늘날에도 대다수 가정의 첫 번째 투자 종목은 부동산이다. 일단 내 집을 마련하고, 두 번째 집이나 자녀의 집도 장만하고, 언젠가 물려받을 할머니의 집도 노린다.

그러나 2008년에 세계금융시장이 침체되고 외화대출위기가 닥친 뒤 일부 헝가리인들이 앞날에 대비해 무언가를 은행에 맡기고 있다는 증거가 있다. 물론 2012년에 특별 보안을 이유로 많은 헝가리인이 오스트리아의 예금계좌를 이용하는 경우도 있지만 말이다.

애국심

헝가리인들은 애국심이 강하다. 그러나 '국가'에 대한 이 같은 충성심은 동시에 두세 가지 의미를 띤다. 헝가리인은 조국에 충성하고, 사회적·민족적 관계를 막론하고 동포를 지지한다. 즉 헝가리인의 애국심은 미국인의 애국심과 닮았다. 국기를 흔들거나 일어서서 국가를 감동적으로 부르는 데 대한 영국인 특유의 거부감은 없다(헝가리 국가 '하느님. 헝가리인을 축복하소서'는 1823년에 쾰체이 페렌츠가 작사했다).

헝가리인은 헝가리어를 쓰는 언어 공동체와 동질감을 느낀다. 헝가리, 루마니아, 슬로바키아, 우크라이나, 세르비아, 크로아티아, 슬로베니아, 오스트리아 등지에서 헝가리어를 모국어로 쓰는 사람들은 약 1,300~1,400만 명이다. 현재 그들 대부분은 제1차 세계대전 이전 헝가리 왕국에 속했던 지역에 살고 있다.

어떤 헝가리인은 자신이 속한 문화적·인종적 공동체를 인식한 뒤 불쾌한 사회정치적 결론에 도달하기도 한다. 이런 의미에서 볼 때 국민 개념은 긍정적이면서도 획일적이고 부담스러운 것, 소수민족이나 유사한 정체성의 소유자들에 의해 풍성해지지 않는 것이다. 현재 헝가리의 소규모 언어 집단 (독일인, 루마니아인, 슬로바키아인, 기타 슬라브인)은 사실상 헝가리 사회에 동화되었다. 이 문제는 집시 공동체와 연관될 때 가장 뜨거워진다.

집시에 대한 태도

부다페스트를 중심으로 활동하는 유럽집시권리센터에 의하면 헝가리는 약 75만 명에 이르는 집시의 본거지이다. 하지만 전체 인구의 7.5%에 해당하는 75만 명은 추정치에 불과하다. 널리 퍼진 심각한 편견을 의식한 일부 집시들이 본인의 혈통을 거론하기 싫어하기 때문이다(집시를 가리키는 헝가리어인 치가니는 경멸적인 표현으로 간주되고 있다. 대신에 소수민족이라는 의미의 키셰브세기라는 모호한 용어가 쓰인다).

집시는 일반적으로 다른 헝가리인들과 구별된다. 집시는 피부색이 더 짙고, 특유의 억양, 복장, 관습, 몸짓언어가 있다. 집시 인구의 비율은 부다페스트와 비교적 가난한 북동부 지역에서 가장 높다(해당 지역 인구의 10~12%). 집시는 세 가지 갈래로 세분화된다. 헝가리 집시, 또는 음악 집시는 헝가리어를 쓰고, 세 가지 갈래의 집시 중에서 헝가리 사회에 가장 잘 녹아들어 있다. 왈라키아 집시는 로마니어, 즉 집시어를 쓸 수도 있다. 베아시 집시는 아직 루마니아어의 고대 방언을 쓸 수도 있다. 모든 집시는 헝가리어를 쓰지만, 약 17%는 헝가리어를 제2공용어로 사용한다.

헝가리의 학자 케르테시 가보르는 집시의 취업과 교육 문제를 다룬 연구에서 다음과 같이 말했다. "집시는 체제 변화의 진짜 피해자이다. 그들은 20세기 전반기에 기존의 직업과 경제적 역할을 상실했고, 심각한 노동력 부족 사태가 벌어진 공산 정권기에 얻었던 금속제품 제조업 분야의 미숙련 일자리를 지금은 잃어버렸다."

헝가리 집시의 상황은 최악이 아니다. 그러나 고용, 기술, 교육, 주택, 보건 같은 분야에서 나타나는 사회적 열세를 감안하면 여전히 충격적이다. 많은 집시는 편의시설이 매우 부족한 마을 가장자리에 거주한다. 노동연령에 해당하는 집시의 대략 30%가 실업상태에 있지만, 저 멀리 떨어진 지방의 경우 실업률이 90% 정도일 가능성이 높다. 일부 지역에서는 공공사업이 시행되어 실업률이 개선되었다. 많은 사람, 특히 여성은 주로 농업 부문에 종사한다.

집시는 나머지 헝가리인에 비해 교육 수준이 낮다. 헝가리 집시의 19%만 중등학교를 졸업한다. 반면 나머지 헝가리인은 69%가 중등교육 과정을 마친다. 집시를 돕는 비정부기구들은 지방의 교육당국이 불법인 줄 알면서도 인종차별적인 교육을 지원한다고 주장한다.

빈곤퇴치를 돕기 위한 유럽연합의 의미 있는 자금 조달에도 불구하고 지속적인 진전은 거의 없었다. 헝가리 북동부 보르쇼드 지역에서 집시들을 위한 학교를 운영하는 불교운동 지도자 데르다크 티보르에 따르면 많은 자금이 허비되거나 사적인 용도로 전용되었다. 그는 유럽연합의 자금 지원으로 맺어진 계약이 실행되지 않자 현지 당국이 그동안 잘 진행되던 오즈드 지역의 학교 사업을 취소한 과정을 설명했다. 유럽연합 자금으로 수리한 학교 건물은 현지 사업가에 의해 호텔로 바뀌었고, 수업을 계속하려는 시도는 당국의 압력으로 좌절되었다(문제의 호텔은 장사가 되지 않아 곧 문을 닫았다).

데르다크는 현지 당국자들 사이에 냉소적 태도와 편견이 만연해있다고 본다. "내가 아는 한 집시 청소년의 상황을 개선하기 위한 장기적 프로그램을 거론하려는 시장은 없다. 그런 시장이 있다는 말을 들어본 적 없다. 집시들의 생활조건을 향상시키는 문제를 언급하면 결코 다시 당선될 수 없을 것이라고 확신하기 때문이다."

2016년 5월 유럽위원회는 집시에 대한 지속적인 교육 차별과 관련해 헝가리에 침해소송을 제기했고, 슬로바키아와 체코 공화국에서의 상황도 우려하고 있다고 덧붙였다.

사회적 실상을 감안할 때 헝가리의 대다수 집시는 주류사회에 통합되는 방향으로 전혀 나아가지 못하는 하층민으로 볼 수 있다.

정부 당국에 대한 태도

헝가리인은 대체로 법과 질서를 중시하지만, 법과 질서를 앞장서서 지켜야 하는 자를 그리 긍정적으로 바라보지는 않는다. 최소한 지난 90년 동안에는 그랬다.

공산정권기에 경찰, 비밀정보기관, 공산주의 민병대(지금은 폐지되었다)는 모두 내무부 산하에 있었다. 그 세 조직은 각계각층의 정보원과 그들을 관리하는 요원으로 이뤄진 제2의 국가 같은 연결망을 구축했다. 경찰과 비밀정보기관과 공산주의 민병대가 저지른 범죄 사실은 부다페스트의 언드라시 거리에 소재한 공포의 관이라는 이름의 박물관에 생생하게 전시되어있다.

공교롭게도 공산주의가 몰락한 지 사반세기가 흐른 지금, 오르반 정부를 비판적으로 바라보는 사람들은 2010년 이후 '테러와의 전쟁'을 지원한다는 명분으로 각종 치안부대가 창설된 점을 불편하게 여긴다. 사실 헝가리는 1990년대 초반 이후로 심각한 테러공격을 겪지 않은 데다 이슬람 민병대의 주요 표적으로 간주되지 않기 때문이다.

징병제는 의무 군복무자들이 마지막으로 제대한 2004년 11월 3일에 폐지되었다. 직업군대로 이행함으로써 이제 헝가리는 거의 모든 유럽연합 국가들과 어깨를 나란히 하게 되었다.

남과 여

비교적 젊은 헝가리인은 양성평등이라는 유럽의 최신 경향을 따르지만, 헝가리에서의 남녀관계는 아직 영어권 사람들에게 구태의연한 것으로 비쳐진다. 대부분의 연인이나 부부는 전통적인 방식대로 각자의 역할을 구분한다. 여성은 요리하고 장을 보고 청소를 하는 반면, 남성은 금전 문제를 처리하고, 자작, 수리, 조립, 풀베기, 땅파기, 세차 같은 일을 담당한다. 최근 수십 년 동안 육아에 관여하는 남성이 늘어나고 있지만, 다른 유럽 국가에서 그렇듯이 키울 아이의 숫자가 줄어들고 있다.

여성에게는 마땅히 호의를 베풀어야 한다는 인식이 팽배해 있고, 헝가리 여성의 인식 수준은 아직 그런 호의를 불쾌하게 여길 정도까지 향상되지는 않았다. 여성은 남성보다 먼저 문밖으로 나가거나 승강기를 먼저 탄다. 남성은 흔히 자동차를 운전하고, 유모차를 밀고, 가방을 든다. 거리에서 남성은 전통적으로 여성의 왼쪽 편에서 걷는다(이는 옛날에 오른손잡이인 남성들이 칼집을 왼쪽에 찬 데서 유래한 관습으로 보인다). 식당에서 여성은 남성보다 먼저 접대를 받는다. 계산서는 남성에게 건네지고, 여성은 코트를 입을 때 도움을 받는다.

직장에서도 아직 이와 같은 여러 가지 호의를 찾아볼 수 있다. 여성 임직원의 옷차림이나 새로운 머리 모양을 이따금 칭찬해주는 것이 통례이다. 그러나 우월적 지위를 남용하는 남성이 연루된 최근 몇 년간의 유명한 강간과 성폭행 사건에서 뚜렷하게 드러나듯이 젊은 직장 여성은 성희롱에 버금가는 치근거림을 당할 수 있다.

구애와 혼외관계

헝가리 남성은 구애할 때 상당히 노골적이다. 그들의 말을 들어보면, 혹은 그들이 고개를 숙이고 능글능글 웃으며 꽃다발을 바치는 모습을 보면 마치 프랑스나 이탈리아 남성이 연상될 것이다. 그들은 여성을 꾀어 차지한 경험을 털어놓기를 좋아한다. 하지만 그런 식의 자랑에는 허풍이 담겨있을 가능성이 있다. 여기에는 몇 가지 이유가 있다.

우선, 혼외관계에는 시간과 돈이 들기 마련인데 헝가리인 중에 시간과 돈이 많은 사람은 드물다.

둘째, 헝가리에서 사교생활은 대가족과 오래된 친구들을 중심으로 이뤄진다. 헝가리인은 영어권 사람들에 비해 사업 목적의 여행이나 낚시 여행을 자주 하지 않기 때문에 혼외관계를 시도할 기회가 적다.

헝가리인은 일찍 잠자리에 든다. 헝가리의 작가 게오르게

미케시가 『이방인이 되는 법』에서 언급했듯이, "대륙 사람들은 성생활을 즐기고, 영국인들은 뜨거운 물주머니를 갖고 잔다." 한편 헝가리인들은 부업을 처리하거나, 텔레비전 앞에서 잠들거나, 자녀를 돌보거나, 부모와 형제자매의 참견에 시달리거나, 정치 문제를 논하거나, 정원을 가꿀 것이다.

이혼율은 높지만(약 55%), 이혼의 원인으로는 외도, 불화, 용납될 수 없는 행동, 폭력, 음주 등을 꼽을 수 있다. 상대방이 외도를 저질러도 눈을 감거나 문제를 덮으려는 경향이 있다. 별거와 이혼에 따르는 대가가 크기 때문이다.

교회 출석

2011년 인구조사에 따르면 헝가리인의 37%는 가톨릭교도이고, 11.5%는 칼뱅파, 2.2%는 복음교회파(루터파), 1.8%는 그리스 정교회에 속하며, 0.1%는 유대교를 믿는다. 하지만 16.6%는 무교라고 응답했고, 약 27%는 답변을 거부했으며, 1.5%는 무신론자라고 대답했다. 따라서 2011년 인구조사 결과는 소속 종교집단에 대한 기초자료 수준에 불과하다.

이 통계자료에 비춰볼 때 각 종교의 신자 감소 추세를 공산주의 체제의 탓으로 얼마나 돌릴 수 있는지 의심스러워진다. 왜냐하면 유럽의 대다수 국가에서도 비슷한 경향이 나타나고 있기 때문이다.

교회에 다니는 사람들에 관한 신뢰성 높은 통계자료는 없는 것 같다. 대체로 전체 인구의 12~22%가 교회에 다닌다는 조사 결과가 있지만, 22%는 너무 높다. 그래도 확실히 오르반 정부는 기존의 교회에 더 많은 권한을 부여해왔고, 교육 분야에서 교회의 영향력이 증가함에 따라 부모가 자녀를 더 좋은 학교에 입학시키려고 교회에 다니는 사례가 생기기도 했다.

주류 가톨릭교회는 낙태와 이혼뿐 아니라 피임도 금지하지만, 출생률은 1,000명당 9.3명이고, 2011년에는 8.8명으로 바닥을 찍은 바 있다. 낙태는 해마다 약 3만 2,000건이 이뤄지고, 1990년에는 9만 건으로 최고치를 기록한 바 있다. 이혼율은 높은 편이다. 2013년에는 3만 7,000쌍이 결혼한 반면 2만 200쌍이 이혼했다.

스탈린주의적 공산체제하의 학교에서는 기독교 교리 대신에 개인에 대한 국가의 우월성과 무신론적 유물론을 가르쳤다. 특정 종교집단에 소속된 자는 공산당원이 될 수 없었기 때문에 교회에 다니는 사람들은 거의 모든 책임 있는 지위에서 배제되었다.

1960년대에 교회에 대한 관용적 분위기가 조성되었지만, 공산주의자들이 조종하는 유령 조직을 통해 교회를 정치적 구조 안에 묶어두려는 더 강력한 시도가 있었다. 교회는 여전히 국가교회관리청에 의해 엄격하게 통제되었고, 비밀경찰과 동조자들(공산주의를 옹호하는 신자)이 교회에 침투했다. 국가는 고위 성직자들에게 교회를 '통제'하고 교회가 공산당의 정치적 목적에 복무하도록 유도하는 임무를 맡기려고 했다.

1980년대 초반에 이르러 종교적 관용의 분위기가 짙어졌다. 최소한 공산주의 체제의 기준에서 볼 때는 그랬다. 일례로 군복무를 거부하는 여호와의 증인에 속한 양심적 병역 거부자들은 사회복지 및 의료 분야에서 일하게 되었다. 그것은 당시 서독에서 실시된 것과 비슷한 제도였지만, 바르샤바 조약기구에 속한 나라에서는 보기 드문 특례였다.

마지막 공산주의 정권(1989~1990년)에서 통과된 마지막 법률

중 하나는 교회 승인에 관한 놀랍도록 진보적인 법률이었다. 그렇게 조성된 새로운 환경 속에서 종교 활동이 부활했다. 기존의 가톨릭교 수도회가 되살아났고, 모르몬교와 여호와의 증인 같은 비타협적 교회가 등장했고, 하레 크리슈나교, 불교, 이슬람교, 바하이교를 포함한 기독교 이외의 종교단체가 설립되었다.

그러나 사회적 조건은 1945년보다 1990년이 훨씬 더 나빴다. 공산정권기에는 수십 년 동안 종교 교육이 아예 실시되지 않았거나 거의 실시되지 않았다. 공산체제가 종식되자 교회는 아이들을 대상으로 종교 교육을 빠르게 확대했지만, 공산체제의 붕괴 이후 새로 교회에 다니기 시작한 어른들을 계속 붙들어놓기가 어려워졌다. 그 성인 신도들은 공산주의의 몰락에 따른 행복감에서 벗어나자마자 교회에 다니는 빈도가 줄어들었다.

한편 오르반 정부는 종교에 관한 나름의 구상이 있고, 로마가톨릭교를 비롯한 '역사적' 신앙을 후원하고자 한다. 동시에 오르반 정부는 사실상 신규 교단을 차별해왔다. 오르반 정부는 1990년 이후에 설립된 여러 종교기관을 '기업 교회'로, 즉 수도회에 적용될 수 있는 관대한 세법을 이용하려고 설립된 단체로 치부했지만, 단 하나의 사례도 제시하지 못했다. 그 빈약한 근거를 바탕으로 오르반 정부는 합법적인 것으로 판정된 약 30개를 제외한 모든 교회와 종파의 권리를 박탈함으로써 논란을 일으켰다. 오르반 정부는 모든 종교단체에게 신앙의 자유가 있다고 말하지만, '명단에서 제외된' 종파는 승인된 종교집단에 비해 심각한 재정적·사회적 불이익을 당하고 있다.

성적 소수자에 대한 태도

헝가리는 중앙유럽에서 레즈비언, 게이, 양성애자, 트랜스젠더 등에게 가장 관대한 나라에 속하고, 이론적으로는 성적 소수자에 대한 법적 보호 수준이 가장 높은 나라이다. 동성 동거는 1996년부터 인정되었다. 동성 커플에게 부부의 권리와 비슷한 권리를 부여하는 공인 동거관계 제도는 2009년부터 시행되었다. 그러나 동성 결혼은 아직 불법이다.

법률 측면에서는 비교적 분위기가 우호적이지만, 성적 소수자들은 여전히 삶의 여러 영역에서 편견과 차별을 만나기 때문에 대부분은 자신의 성적 지향과 성정체성을 감춘다.

동성애자 인권 단체인 하테르의 웹사이트(http://en.hatter.hu)
에는 다음과 같은 글이 눈에 띈다. "헝가리인 두 명 중 한 명
정도는 동성애가 질병이라고 생각한다. 그리고 동성애자를 이
웃으로 두려고 하지 않을 것이다."

최근 몇 년간 분위기가 한층 누그러지고 있지만, 매년 부다
페스트에서 열리는 동성애자 행진에는 항상 경찰이 출동한다.

03

관습과
전통

아이들의 경우 생일을 축하해주지만, 일반적으로 생일보다 영명 축일이 더 중시된다. 가족이나 친구나 동료의 영명 축일에는 개인적으로 축하해줘야 한다. 대개 여성에게는 꽃을, 남성에게는 음료수나 음식을 준다. 아이들에게는 친척과 친구들이 선물을 준다. 누군가의 영명 축일을 축하해줄 수 있는 유예기간은 8일이다.

축제와 휴일

헝가리인들은 휴일을 무척 좋아하고 최대한 활용한다. 여름휴가뿐 아니라 공휴일도 무척 반긴다. 주요 휴일은 아래와 같다. 헝가리에서 일하는 외국인은 공휴일을 잘 기억해둬야 한다. 텅 빈 사무실에 혼자 출근하지 않도록 말이다(실제로 일어난 일이다). 정부 당국은 주말을 포함한 3일 이상의 연휴를 만들기 위해 근무일을 휴일로 지정할 수 있다.

재의 수요일, 성 금요일, 유월절, 속죄일, 위령의 날(헐로터크 너피어, 11월 2일), 성전 헌당 기념일, 성탄절 전야(센터슈테, 12월 24일),

휴일
1월 1일 신년일(우예브)
3월 15일 1848년 혁명 기념일, 국경일(넴제티 윈네프)
유동적 성 금요일(너지 펜테크), 부활절 다음날
5월 1일 노동절(어 문커윈네페), 유럽연합 가입 기념일
유동적 오순절(퓐쾨슈드)
8월 20일 건국기념일, 성 이슈트반의 축일, 국경일(넴제티 에시 알러미 윈네프)
10월 23일 1956년 혁명기념일, 국경일(넴제티 윈네프)
11월 1일 만성절(민덴센테크 너피어)
12월 24~26일 성탄절(커라초니)

신년 전야(실베스테르, 12월 31일) 같은 기독교와 유대교의 휴일도
있다. 독실한 가정은 사순절과 대림절도 지킨다. 공현 축일(비즈
케레스트, 1월 6일)과 재의 수요일(사순절 첫날) 사이의 사육제(퍼르선
그)는 대무도회와 겨울축제행사를 위한 전통적인 축제 기간이
다. 시골마을에서는 가끔 교구 교회의 봉헌일이나 그 얼마 전
에 고별회(부추)가 열리기도 한다.

헝가리 남부의 도시 모하치는 사순절 직전 주말에 부쇼야
라시 축제가 열리면서 활기를 띤다. 민속음악과 수공예품 전시
회와 행렬은 일요일에 부쇼(두꺼운 양가죽 코트를 입고 뿔이 달린 정교
한 전통 목각가면을 쓴 채 짓궂은 장난을 치는 남자들)의 행진으로 절정
을 맞는다. 초등학교 학생들은 만우절을 지킨다(볼론도크 너피어,

4월 1일). 흔히 만우절에는 역할을 바꿔 아이들이 선생님을 가르치는 모습을 연출한다. 8월 20일에 부다페스트의 두너강 옆은 아침의 보트 경기와 저녁의 화려한 불꽃놀이를 관람할 수 있는 명당이다. 만성절 전야(10월 31일)는 젊은이들이 가면을 쓰거나 기발한 옷을 입고 파티를 열기 좋은 날이다.

대다수의 헝가리인들은 만성절(11월 1일)에 가족 묘지를 찾아 헌화하고 촛불을 켜서 추모한다. 만성절 당일에 그렇게 하지 못하면 다음 날이나 주말을 이용한다.

주요 기념일로는 1848년 혁명 기념일(3월 15일), 건국일(8월 20일), 1956년 혁명 기념일(10월 23일)을 들 수 있지만, 역사적 중요성의 측면에서는 1945년에 독일군의 지배로부터 헝가리가 해방된 날(4월 4일경), 트리아농 조약을 맺은 날(6월 4일), 1991년에 소련군이 철수한 날(6월 30일), 1849년에 아라드의 애국자들이 처형된 날(10월 6일), 1956년에 부다페스트가 소련군에게 재점령된 날(11월 4일)도 빼놓을 수 없다.

가족 행사

【 성탄절 】

헝가리인은 영어권 사람들과 무척 비슷한 방식으로 성탄절을 축하하지만, 시기는 다르다. 아이들은 전통적으로 12월 5일에 자기 장화를 깨끗이 닦고, 이중창 사이에 장화 한 짝이나 두 짝 모두를 밤새 놓아둔다. 그러면 다음날인 12월 6일은 미쿨 라시의 날, 즉 산타클로스 기념일에 산타클로스(미쿨라시)가 찾 아와 아이들의 장화에 사탕, 견과, 오렌지 따위를 넣어준다. 착 한 아이만 선물을 받을 수 있고, 못된 아이는 검은 옷을 입은 악마 모습을 한 크럼푸스에게 매를 맞는다고들 한다. 산타클 로스의 선물 중에는 금빛으로 칠한 나뭇가지 회초리가 있다. 유치원과 초등학교에서는 산타클로스 축하잔치가 열린다. 성 탄절 휴가를 보내기 전에 미리 기념행사를 열 수도 있다.

본격적인 축하행사는 성탄절 전야에 시작한다. 상점은 한낮 에 문을 닫고, 대중교통은 오후 5시에 운행이 멈춘다. 가정에 서는 성탄절 트리를 장식하고 그 주변에 선물을 놓아둔다. 가 톨릭교를 믿는 가정에서는 흔히 목각 장식품을 성탄절 트리 밑에 놓아둔다. 선물을 열어보기 전에는 성탄 축하노래를 한

두 곡 부른다. 그런 다음 가족끼리 저녁을 먹는다. 저녁 식탁에는 전통적으로 잉어 같은 민물고기와 베이글리(밀가루 반죽에 으깬 호두나 양귀비 씨를 채워 만든 케이크)가 오른다.

성탄절 전야는 정이 넘치는 가족 행사가 있는 날이다. 오후 5시부터는 이웃집을 찾아가지 않는다. 가톨릭교를 믿는 가정은 자정 미사에 참석한다. 12월 25일과 12월 26일, 또는 이후의 며칠 동안에는 다른 가족이나 친구의 집을 찾아가 함께 즐긴다. 성탄절과 신년일 사이에 일을 많이 하는 사람은 드물기 때문이다. 사실 여러 민간 기업은 성탄절부터 신년일까지 휴업한다.

【 신년 전야 】

신년 전야는 성탄절보다 사교활동이 더 활발한 날이다. 대부분의 사람들은 누군가의 집이나 식당이나 거리에서 친구들과 함께 즐긴다. 불꽃놀이와 왁자지껄하는 소리 때문에 시끄러울 수 있다. 중심가에서는 교통이 차단되고, 부다페스트에서는 대중교통이 무료이다. 신년일에는 새끼돼지의 꼬리를 잡아당기면

행운이라고 생각한다. 젖 떨어지기 전의 새끼 돼지를 통째로 구운 요리는 신년일의 전통 음식이다. 그믐날 자정 이후에 먹는 프랑크푸르트 소시지와 신년일에 숙취해소용으로 먹는 렌틸콩도 마찬가지이다.

[부활절]

부활절도 중요한 가족 행사가 열리는 날이다. 부활절 전날 해진 뒤의 저녁 식탁에는 양고추냉이(강판에 갈거나 강판에 갈아서 절인 것)를 곁들인 햄과 푹 삶은 계란, 그리고 머리카락을 땋듯이 비틀어 만든 우유빵(컬라치)이 오른다. 대다수의 아이들은 부활절 당일 아침에 먹을 계란에 여러 가지 색을 물들이거나 칠하기를 좋아한다. 전통적인 염료는 양파껍질이지만, 다양한 색상의 분말염료도 쓰인다.

부활절 다음 날, 흔히 소년과 성인 남성들은 마주치는 소녀와 성인 여성들에게 향수를 몇 방울 뿌린다. 그러면 소녀와 성인 여성들은 부활절 계란(색칠한 계란이나 초콜릿으로 만든 계란)을 건네주고, 양쪽 볼에 가벼운 키스를 해준다. 대부분의 소녀는 부활절 다음날에 머리를 깨끗이 감는다. 소년이 잘못 골라 뿌려준 향수의 냄새를 없애기 위해서이다. 옛날에는 마을의 총각들이 양동이에 담은 우물물을 아가씨들에게 튀기는 풍습이 있었으며 부활절을 훨씬 더 흥겹게 보냈다고 한다.

【 그밖의 특별한 날 】

5월의 첫 번째 일요일은 어머니날(어냐크 너퍼어)이고, 5월 마지막 일요일은 어린이날(제레크너프)이다. 아버지날은 6월의 세 번째 일요일로 공휴일이 아니다. 국제 여성의 날(넴제트쾨지 뇌너프, 3월 8일)도 어느 정도 알려져 있지만, 일부 사람들은 이 날에서 공산주의 색채를 느낀다. 헝가리에서는 근로자의 날과 노동절을 따로 구분하지 않는다. 노동절은 주로 노동조합원들과 좌파 세력에 의해 노동계급의 축제일로 간주된다. 요즘 노동절에는 공산정권기의 대규모 열병식이 아니라 머얄리시(노점, 구경거리, 연설자 등을 찾아볼 수 있는 단체 야외 소풍)가 열린다.

포도를 재배해 포도주를 만드는 지역공동체에서는 가을에 포도주 잔치(쉬레트)가 열린다. 포도나무가 있는 집이 많기 때문에 포도 수확과 포도주 만들기는 가족 행사이기 마련이다. 적어도 농촌에서는 11월이나 12월의 돼지 잡기(디스노토로시)도 가족 행사이다. 전통 돼지고기 제품을 모두 하루 만에 만들기 위해서는 많은 일손이 필요하다.

9월 1일도 기억해둘 만한 날이다. 9월 1일은 일반적으로 새 학년이 시작되는 날이다. 부다페스트와 비교적 큰 도시에서는 학부모가 자녀를 자동차로 등교시켜야 한다고 생각하기 때문에 출근시간 교통량이 급증한다. 이후 학생들이 대중교통을 이용하기 시작하면 교통체증이 해소된다.

영명 축일

적어도 아이들의 경우 생일을 축하해주지만, 일반적으로 생일보다 영명 축일(네브너프)이 더 중시된다. 가족이나 친구나 동료의 영명 축일에는 개인적으로 축하해줘야 한다. 대개의 경우 여성에게는 꽃을, 남성에게는 음료수나 음식을 준다. 아이들에게는 친척과 친구들이 선물을 준다.

친구나 동료의 영명 축일이 언제인지 알아내는 첫 번째 단계는 헝가리식 달력을 확보하는 것이다. 하지만 마리어, 이슈트반, 에르제베트 같은 흔한 이름을 가진 사람에게는 영명 축일이 한 번 이상 돌아온다. 따라서 그들이 어느 날을 자신의 영명 축일로 삼는지 알아둘 필요 있다. 누군가의 영명 축일을 축하해줄 수 있는 유예기간은 8일이다. 헝가리식 달력에는 여러분의 이름이 없을 것이다. 아쉽다면 여러분의 이름과 비슷한 헝가리식 이름을 고르면 된다.

출생에서 사망까지

헝가리 아기들은 태어난 지 8일 안에 국가에 등록해야 한다. 대부분의 부모는 아기에게 단 하나의 이름을 지어주지만, 약 5%의 아기는 2개의 이름을 갖는다.

성씨는 이름 앞에 오지만, 외국어로 자신을 소개할 때 헝가리인은 성을 이름 뒤에 붙이기를 선호한다. 따라서 코바치 야노시는 영어로 소개할 때 야노시 코바치가 된다. 일부 사람들은 2개의 성씨를 이어서 쓰는 경우도 있다. 2개의 성씨는 하이픈을 붙여 표시하거나 그렇지 않을 수 있다. 아버지나 할아버지의 이름을 본떠 사내아이의 이름을 짓는 풍습이 있다. 예를 들어 아버지는 야노시 코바치 시니어로, 아들은 야노시 코바치 주니어로 표기된다.

헝가리에서 태어나는 아기 중 절반쯤은 가톨릭교회에서 세례를 받고, 종종 세례명을 얻는다. 세례식이 끝난 뒤에는 식당이나 집에서 파티를 열기도 한다. 다른 종교에도 대부분 세례식과 비슷한 의식이 있다.

가톨릭교 가정의 아이들은 최소 8세에 첫 번째 성찬식에 참석하고, 몇 년 동안의 종교 교육을 거쳐 최소 17~18세에는 견진성사(베르말라시)를 받는다. 개혁교회와 복음교회의 경우에는 보통 13~14세에 견진성사를 치른다. 유대교 가정의 소년과 소녀는 각각 13세와 12세에 성인식을 치른다.

헝가리의 결혼식은 수백 명이 참석하기도 하는 호사스러운 행사이다. 민법상의 결혼식은 등기소에서 올린다. 신랑신부의 약 3분의 2가 민법상의 결혼식 다음에 종교의식을 치른다. 그러나 도시에서는 결혼식에 초대된

모든 사람이 피로연에도 참석할 수 있는 것은 아니다. 축하객들은 신랑신부가 좋아할 만한 선물을 신랑신부의 부모와 상의한다. 대규모의 전통 결혼식에서는 신부의 춤을 구경할 수 있을 것이다. 신부의 춤을 요청하는 남자 손님들은 모자에 축의금을 넣는다. 주저하지 말고 넣기 바란다! 1만 포린트(35달러) 정도면 된다. 외국인 하객들은 미리 헝가리 민속춤인 차르다시를 연습해두면 좋을 것이다.

장례식도 대규모로 치러질 수 있지만, 보통은 장례식이 끝난 뒤 직계가족이나 절친한 친구들만 다시 집이나 식당에 초대한다. 주로 장례식은 묘지 예배당에서 거행되고, 그곳에 모인 조문객들은 관 위나 주변에 헌화한다. 장례 예배가 끝난 뒤 관은 무덤으로 옮겨지고 유가족들이 그 뒤를 따라간다(하지만 매장보다는 화장이 일반적이다). 무덤 옆에서의 기도가 끝난 뒤 조문객들은 유가족 대표에게 다가가 애도의 뜻을 표한다. 장례식에 참석하는 것은 유가족과의 친밀함을 확인한다는 의미가 있는 행동이다.

전통적으로 미망인은 남편이 죽은 뒤 여러 달 동안 상복을 입었지만, 요즘에는 시골마을에서만 상복 차림을 하는 추세이다.

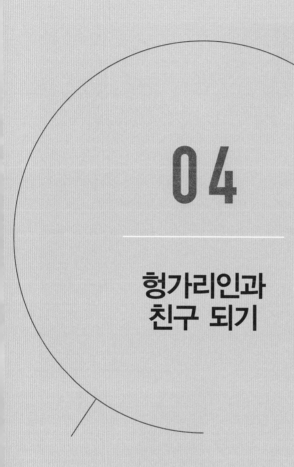

04

헝가리인과
친구 되기

헝가리 사회에서의 우정에는 노력이 따른다. 못 본 지 몇 년이 지나도 친구들끼리는 서로에게 정성을 다한다. 뜻밖의 작은 선물이나 도움의 손길도 우정의 문을 여는 열쇠가 될 수 있다. 우정이 싹트는 단계에 도달했으나 잠시 무뚝뚝하게 대하면 원점으로 돌아갈 수 있을 것이다.

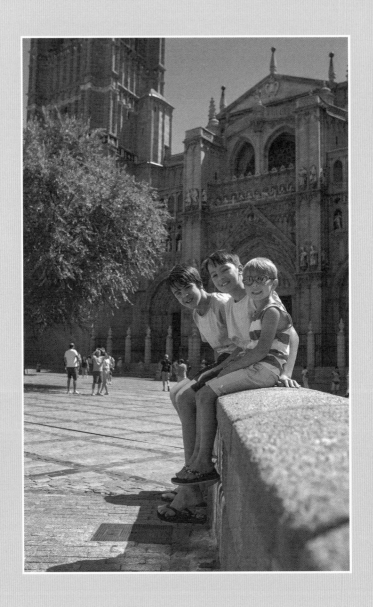

형가리에서 예절은 말하기와 밀접하게 연결된다. 이 장에서는 형가리어 인사말 몇 가지도 살펴보겠다.

미소에는 미소로

형가리의 작가 이슈트반 마츠가 지적하듯이 "미소에 대한 응답은 미소이다." 형가리는 닫힌 사회가 아니라 원자화된 사회이다. 원자화된 사회에서는 개인적 우정이 한층 더 중요해진다. 형가리인은 외국인을 환영하고 인정하지만, 서유럽인이나 북미인과는 조금 다른 방식으로 접근한다. 형가리에서 사회적 관계의 주목적은 호의, 애정, 뒷받침, 도움 따위를 서로 교환하는 것이다. 획일적이고 몰개성적이고 적대적인 외부세계에 대처하는 데 보탬이 되도록 말이다.

형가리에서 친척이나 친구를 통해 형성된 유대관계는 성실성과 신뢰성의 기반이고, 가정생활, 사회적 관계, 비즈니스 등의 측면에서 중요한 의미를 띤다. 친구들끼리의 우정은 오래전으로 거슬러 올라가는 경우가 많다. 중등학교 친구들은 졸업 후 여러 해에 걸쳐 서로에게 도움이 될 수 있는 연결망을 형성해 유지한다. 외국인 친구들은 일종의 자산으로 간주된다. 그 이유는 첫째, 헝가리인은 외국의 상황에 관심이 많기 때문이다. 둘째, 그들은 헝가리와 헝가리 사회가 긍정적으로 보이기를 바라기 때문이다.

다른 나라와 마찬가지로 헝가리에도 헝가리 사회에 적합한 일반지식이 축적되어있다. 헝가리 사회에 녹아들고 싶은 외국인은 그 일반지식을 알아차리고 살펴볼 필요가 있다. 헝가리에 대한 사려 깊은 판단(특히 우호적인 판단)은 여러분을 새로 사귄 헝가리 친구의 마음에 들게 할 것이다.

헝가리 친구들과 어울릴 때 아무것도 비판하지 말라는 이야기가 아니다. 정부, 세제, 상점, 운전자, 경찰, 축구감독, 요즘 아이들, 요즘 청년, 요즘 중년층, 요즘 노인 등등 여러분이 비판해도 무방한 표적은 많다. 이런 표적을 실컷 비판하면 다들 즐거워할 것이다. 하지만 헝가리 사회 자체, 그리고 헝가리 사회의 구조와 관습은 아직 비판의 성역으로 남아있다. 이 신성불가침의 영역은 세계화나 지구온난화나 외세의 간섭이나 정부의 우매함 탓에 빚어진 결과로 볼 수 없는, 헝가리 특유의 양상이다. 비판할 때는 조심하기 바란다. 자칫 헝가리인의 꿈을 짓밟을 수 있기 때문이다.

대화와 문화

최근 추세와 달리 헝가리인은 모든 형태의 문화가 동등한 가치를 지닌다는 견해에 찬성하지 않는다. 언젠가 영국의 BBC가 방송한 연속 기획물의 내용과 달리 헝가리인들은 마리아 칼라스와 재니스 조플린을 동급으로 여기지 않는다. 비록 재니스 조플린을 더 좋아하지만 말이다. 헝가리인은 텔레비전을 극장과, 원예를 조각과 등등하게 평가하지는 않을 것이다. 애니메이션 같은 일본의 만화 기법을 순수예술만큼 높이 평가하지는 않을 것이다. 헝가리에는 아직 '고급', '중급', '하급' 같은 예술의 전통적인 서열이 남아있다. 그렇다고 해서 헝가리인이 외국인의 색다른 관점에 귀를 막고 있다는 말은 아니다. 헝가리인은 할리우드 영화, 외국 록음악, 영국 코미디, 아일랜드 음악, 스칸디나비아 디자인, 중국 속담, 그리고 심지어 멕시코 연속극도 좋아한다.

일반적으로 헝가리에서의 대화는 다른 나라의 가정집 거실이나 술집에서의 대화보다 훨씬 더 폭넓은 주제가 등장한다. 이 점은 헝가리인이 외국에 거주하면서 뼈저리게 느낄 수 있다. 일례로 헝가리 출신의 하버드대학교 교수이자 저명한 경제학자인 코르너이 야노시는 다음과 같이 후회하듯이 회상했다. "언젠가 우리 집에서 세 쌍의 부부와 대화를 나눴다. 그 자리에는 유명한 경제학자 두 명과 정치학자 한 명이 있었지만, 대화 주제는 평범했다."

잡담과 심각한 대화 중에서 어느 것이 더 자연스러울까? 일, 학업, 정치적 견해, 예술적 감수성, 종교, 세계관 등은 뒤로 하고 야구, 자동차 정비, 자녀, 요리법, 뜨개질 등을 주제로 이야기하는 것? 아니면 국제적 시사문제 같은 심각한 주제를 다루는 것일까?

명심하기 바란다. 헝가리식 대화는 하루아침에 배울 수 없다. 가벼운 분위기를 유지하고, 직접적 반박을 피하고, 질문을 통해 반론을 펼치기 바란다. 여러분이 공감하지 않는 견해에도 관심과 존경심을 표해야 한다. 영어를 할 줄 아는 헝가리인과 대화할 때는 여러분의 언어적 우위를 무기로 의견을 강요하는 일이 없어야 한다.

사실 헝가리인은 재치와 재미를 갖춘 이야기꾼이다. 여기에는 그들이 공산체제를 경험했다는 점도 작용한다. 공산체제는 사람들의 생각을 지시했고, 장황하고 피상적인 이유를 제시했다. 당국이 우회적이고, 애매하고, 번드르르한 주장을 펼친 탓에 국민들의 말씀씨가 향상되었고, 결국 압제는 웃음의 원천으로 전락했다. 이후 탈공산주의 시기를 거치면서, 또 민주화, 자본주의, 민영화, 세계화 등의 부작용을 겪으면서 그만큼 흥미진진한 대화 주제가 생겨났다. 그러나 대화 상대를 전적으로 신뢰할 수 있는 경우가 아니면 가장 뜨거운 주제(헝가리의 국내 정치)에 관한 의견 제시는 되도록 삼가기 바란다. 늘 불화의 씨앗일 수밖에 없는 이 주제는 특히 2010년 이후 한결 뜨거워졌다. 물론 상대방이 어떤 정치적 색채를 드러내든 간에 그 사람의 이야기를 들어주는 것은 괜찮다.

친구 사귀기

헝가리인은 우정을 무척 중시하고, 주변사람들을 친구나 친척이나 지인 등으로 구분해 생각한다. 우정은 오래 유지하는 것이고, 헝가리 사회와 경제 분야에서 중요한 역할을 한다.

부다페스트의 외국인들 사이에는 암묵적 공감대가 형성되어있고, 헝가리에 대해 잘 아는 외국인은 여러분이 헝가리 사회와 접촉하는 데 보탬이 될 수 있다. 부다페스트와 지방의 몇

몇 도시에는 외국인들이 서로 마주칠 수 있는 상공회의소와 국제여성클럽 같은 각종 단체가 있다. 웹사이트와 온라인 채팅 모임, 그리고 2개의 영자신문에는 헝가리에 거주하는 다른 외국인들을 어디서 만날 수 있는지에 관한 실마리가 많이 담겨있다.

헝가리 사회에서의 우정에는 노력이 따른다. 못 본 지 몇 년이 지나도 친구들끼리는 서로에게 정성을 다한다. 헝가리인은 행동의 상징적 가치를 무척 좋아한다. 따라서 뜻밖의 작은 선물이나 도움의 손길도 우정의 문을 여는 열쇠가 될 수 있다. 헝가리인은 친구에게 흔쾌히 기댄다. 우정이 싹트는 단계

에 도달했으나 잠시 무뚝뚝하게 대하면 원점으로 돌아갈 수 있을 것이다. 한편 헝가리인에게도 여러분과 우정을 맺을 기회를 줄 필요가 있다. 거창하지 않은 방식을 통해서라도 그런 기회를 과감히 이용하고, 헝가리인의 작은 호의를 받아들이기 바란다.

언어 문제

헝가리인과 사귀는 문제에 관해서 말하자면 흔히 40세 이상의 헝가리인에게는 심각한 언어 장벽이 있다. 그들은 학교에서 영어를 전혀 배우지 않았을 것이다. 그리고 학교에서 영어를 배운 헝가리인도 특히 영어 원어민 앞에서는 수줍어하고, 좀처럼 나서려 하지 않을 것이다. 교육 수준이 높은 헝가리 젊은이 중에는 영어와 독일어와 러시아어 같은 외국어 실력이 뛰어난 사람들이 많지만, 2011년에 발표된 유럽통계청의 연구 결과에 의하면 헝가리 성인의 63%가 외국어를 전혀 구사할 줄 모른다. 이것은 이웃나라들에 비해 매우 높은 수치이다. 예를 들어 폴란드와 슬로베니아의 경우 외국어를 할 줄 모르는 성인은 각각 38%와 7.6%에 불과하다.

영어는 어휘와 개념의 측면에서 헝가리어와 전혀 다르기 때문에 대부분의 유럽인들보다 헝가리인이 영어를 배우기가 월등하게 힘들다. 그리고 몇 가지 장벽이 더 있다. 그중 하나는 영국인과 미국인에게도 해당되는 장벽이다. 가정에서 외국어를 자연스레 익히는 경우가 드물다는 점이다. 극소수를 제외하고는 외국어가 유창한 식구와 함께 생활하며 자라는 아이들은 드물다. 예를 들어 1940년대부터 1980년대까지 학교에서 의무적으로 가르친 러시아어는 정치적 이유 때문에 경멸의 대상으로 전락했다. 또 한 가지 장벽은 모든 외국어 영화가 헝가리어로 더빙된다는 점이다. 따라서 학교에서 영어를 배운 사람들조차 원어민의 말을 이해하기 힘들 수 있다. 헝가리인과 외국인이 함께 일하는 회사에 소속된 외국인들은 헝가리어를 아주 많이 들을 각오를 해야 한다.

물론 이 같은 현실은 헝가리어를 배우도록 하는 한 가지 자극제이다. 여러분에게 헝가리어를 배우라고 말하는 헝가리인이 많을 것이다. 그들은 여러분이 아주 사소한 헝가리어만 구사해도 기뻐할 것이다.

네메시 너지 아그네시는 영어로 번역된 자신의 시선집詩選集

을 소개하면서 "모든 언어는 독특하고, 헝가리어는 훨씬 더 독특하다"라고 썼다. 그리고 몇 줄 뒤에서는 이렇게 말했다. "모든 시는 번역이 불가능하고, 헝가리어 시는 번역이 훨씬 더 불가능하다." 하지만 영어도 독특하고 번역할 수 없는 언어가 아닐까 싶다. 틀림없이 그럴 것이다. 게다가 헝가리어에는 헝가리인이 흔히 짐작하는 것보다 외래어(라틴어, 독일어, 프랑스어, 영어, 터키어, 그리고 특히 슬라브어)가 훨씬 더 많다. 그래도 네메시 너지의 말은 헝가리인이 모국어에 대해 품고 있는 애정과 자부심의 흥미로운 사례로 평가할 수 있다.

처음에는 아예 불가능해 보이지만, 대다수의 외국어와 마찬가지로 일상적인 헝가리어를 배우는 일은 어렵지 않고 시간낭비도 아니다. 긍정적으로 접근하기 바란다. 헝가리어에는 로마 알파벳이 쓰인다. 헝가리어에는 영어 사용자들이 잘 발음하지 못할 만한 음이 전혀 없다. 철자는 주로 발음을 근거로 삼는다. 헝가리어 같은 굴절어의 구조는 파악하기 쉽다. 표와 시각 자료 안에 관련 규칙을 깔끔하게 담을 수 있기 때문이다.

품행

훌륭한 예절은 인사로 시작된다. 일어서기 바란다! 헝가리에서는 연로한 사람들만 자리에 앉은 채 인사한다. 일반적으로 남성이 여성에게, 나이 적은 사람이 나이 많은 사람에게, 부하가 상사에게, 판매원이 고객에게, 나중에 나타난 사람이 원래 있던 사람에게 먼저 인사한다. 인사를 하지 않는 것은 바람직하지 못한 행동이지만, 인사에 답례를 하지 않는 것은 더 나쁜 짓이다.

알다시피 이 장은 미소에 관한 이야기로 시작했다. 그런데 헝가리인은 낯선 사람에게 미소를 잘 짓지 않는다. 너무 친숙해 보이는 행동으로 여기기 때문이다. 특히 미국인은 상점과 식당에서 마주치는 헝가리인의 심각한 표정에 깜짝 놀라고, 그런 표정을 무례함이나 냉담함으로 해석한다. 그러나 한 번 들렀던 상점이나 식당에 다시 가면 주인이나 점원이 반갑게 맞이하면서 고개를 끄덕이거나 심지어 미소를 지을 것이다.

서로 처음 만나는 사람들은 악수를 하고 통성명을 한다. 또한 낮은 목소리로 "외르벤데크(기쁩니다)"라고 말한다. 헝가리인을 처음 만날 경우 명함을 주는 편이 좋다. 여러분과 상대방

모두 서로의 이름을 알아듣기 힘들기 때문이다.

모임에서는 알든 모르든 간에 모든 참석자와 일일이 악수를 나눈다. 남녀 모두 잘 아는 사이의 여성에게는 양쪽 볼에 키스를 한다. 심지어 직장의 여성 동료에게도 그렇게 한다. 그러나 요즘에는 은발의 난봉꾼들만 여성의 손에 키스를 한다. 제2차 세계대전 이전의 헝가리 영화에 등장하는 인상적인 장면과 달리 요즘에는 남성들이 고개를 숙여 인사할 때 차렷 자세를 취할 필요 없다. 친척끼리는 남성들도 서로의 뺨에 키스할 수 있지만, 외국인에게는 그렇게 하지 않는다. 10대 청소년들끼리도 앞서 언급한 풍습 가운데 몇 가지를 지킨다. 한사코 뒤로 빼지 않는 한, 어른들은 어느 정도 자란 아이들을 인사 절차에 동참시켜야 한다. 외국인 아이들에게도 그렇게 해야 한다.

승강기나 기차 객실에 들어서거나 나갈 때도 낯선 사람들에게 악수 없는 간단한 인사를 하지만, 버스나 전차에서는 그렇게 하지 않는다. 식당이나 구내식당에서 합석해야 할 때 여러분보다 먼저 식사하고 있는 사람들에게는 "요 에트바저트!(맛있게 드세요!)"라고 인사한다. 여러분이 식사를 마치고 일어날 때까지 식사하고 있는 사람들에게는 "토바비 요 에트바저트!(더 맛있게 드세요!)", 그리고 식사를 마친 사람들에게는 "에게스셰게 레!(건강하세요!)"라고 인사한다.

어떻게 말해야 할지 모를 때

헝가리인이 외국인을 만나 외국어로 이야기할 때 겪는 문제는, 행동의 여러 가지 미묘한 차이가 사라진다는 점이다. 이 때문에 헝가리인은 처신이 불편해진다. 헝가리어에서 친밀함의 정도는 친척이나 친구나 어린이나 동물에게 쓰는 2인칭(예를 들어 프랑스어의 tu너 같은 것)부터 대상자의 이름이나 대명사(2개가 있는데 하나는 다른 하나보다 더 격식을 차린 느낌을 풍긴다)를 갖춘 3인칭에 이르기까지 다양하다.

영어를 유창하게 쓰는 헝가리인은 낯선 사람에게 말을 걸 때 미스터나 미시즈를 붙여야 한다는 점을 알고 있겠지만, 이는 그들에게 영 거북한 일이다. 왜냐하면 미스터Mr.나 미시즈Mrs.에 해당하는 헝가리어는 그다지 공손한 표현이 아니기 때문이다.

헝가리인은 보통 지인끼리는 성씨를 뺀 이름만 부르고, 단순히 2인칭이나 3인칭을 쓰면서 친밀함이나 공손함을 표현한다. 이름을 모를 때나 공손해야 할 때는, 예를 들어 메르뇌크 우르(엔지니어님), 솜세드 우르(이웃님), 터나르 우르(선생님), 이거즈 거토 어소니(매니저님)라고 표현한다. 이 같은 표현은 영어로 적절히 옮기기 어렵다. 그러므로 영어로 대화할 경우 헝가리인들은 어떻게 말해야 할지 몰라 난감해한다. 이때 외국인들은 "잭이라고 합니다"라고 말하거나 "성함이 어떻게 되십니까?"라고 물으면서 헝가리인의 부담을 빨리 덜어줘야 한다.

문제는 기혼녀들 때문에 더 복잡해진다. 많은 여성이 결혼과 동시에 남편의 성씨와 이름을 거의 그대로 따른다. 예를 들어 거브리엘러 터카치라는 여자는 코바치 야노시라는 남자와 결혼하면 이름이 코바치 야노슈네로 바뀌고, '거브리엘러'라는 원래의 성씨는 신분증에도 표시되지 않는다! 요즘 신부가 택할 수 있는 대안은, 예를 들어 코바치 거브리엘러처럼, 남편의 성씨와 자신의 성씨를 합친 성명을 쓰거나 아예 원래의 성명을 그대로 쓰는 것이다. 최근에는 결혼 후에도 자신의 성명을 바꾸지 않는 여성들이 꽤 많다.

호칭

헝가리식 인사법과 호칭 형태는 배워둘 만하다. 우선 경칭으로는 "초콜롬"을 꼽을 수 있다. 이는 남성이 여성에게, 또 어린이가 어른에게 건네는 작별인사이다. 낯선 사람들끼리 또는 서로 격식을 차려야 하는 사람들끼리 흔히 나누는 인사는, 이른 아침의 "요 레겔트 키바노크", 그 뒤부터 초저녁까지의 "요 너포트 키바노크", 초저녁 이후부터 잠들기 전까지의 "요 에슈테트 키바노크", 잠자리에 들 때의 "요 에이서카트" 등이 있다. 지인들끼리 꽤 격식을 차려 나누는 인사는 "위드뵈즐룀(인사드려요)"이다. 가장 흔한 작별인사는 "비손틀라타슈러(다시 만나요)"이다.

친밀한 호칭, 즉 2인칭 단수 대명사 테^{te}에서 파생된 테게제시^{tegezés}는 동사에서의 용법을 통해 드러난다. 이 호칭은 어른이 어린이에게 쓰고, 어린이들과 청소년들 사이에서도 쓰인다. 그리고 서로 합의한 경우에는 친척들과 친구들끼리, 비슷한 연령의 여성들끼리도 쓸 수 있다.

대개의 경우 서로 친하게 지내자는 말은 여성이 남성에게, 혹은 나이가 많은 사람이 나이가 적은 사람에게 꺼낼 것이다.

교육 수준이 낮은 일부 헝가리인은 헝가리어를 잘 구사하지 못한다는 이유로 마치 어린이 대하듯이 외국인에게 테게제시라는 호칭을 쓴다. 이 점은 너그럽게 넘어가줘야 한다. 하지만 테게제시는 모욕적인 표현이기도 하다. 입술의 움직임을 보고 말의 내용을 파악하는 독순술讀脣術 전문가들의 증언에 의하면 헝가리의 운전자들은 보행자나 다른 운전자의 행동을 지적할 때 늘 이 친밀한 호칭을 쓴다.

자신에게 예의를 차리지 않아도 된다는 점을 내비치지 않는 이상 잘못된 인사(상대방이 원하지 않는 친밀한 태도를 취하거나 상대방이 제의하는 친밀한 관계를 거부하는 것)에 잘못된 인사로 화답하는 것은 무례한 행동이다. 외국인이 말을 걸면서 실수로 친밀한 호칭을 써도 헝가리인은 금세 상황을 알아차리고 넘어가겠지만, 결코 우아한 실수는 아니다!

조심하기 바란다. 부부 중 한 사람과 친하게 지낸다고 해서 나머지 한 사람이나 자녀들과 친밀한 관계를 맺은 것은 아니다. 성인들 사이에서 테게제시라는 호칭은 상호적인 성격을 띤다. 그러므로 만약 나이 많은 성인이 나이가 훨씬 적은 성인에게 이 호칭을 쓰면 곤란할 것이다(나이가 무척 어린 아이들에게는 써도 된다). 예를 들어 젊은이들은 아버지의 사업 파트너가 자신을 너무 허물없이 대하는 상황을 무척 싫어한다. 그럴 때면 젊은이들은 마치 어린이 취급을 받는 듯한 불쾌한 기분을 느낄 수도 있다.

직장에서 쓰이는 호칭 형태는 상사에게 달려있을 것이다. 프로젝트를 함께 진행하는 동성의 직원들끼리 테게제시라는 호칭을 쓰지 않으면 이상할 것이다. 함께 집을 짓거나, 돼지를 잡거나, 조각누비 이불을 만들거나, 오토바이를 수리하는 작업자들도 서로를 테게제시로 부를 것이다.

고개를 살짝 끄덕이며 인사하기

친밀한 관계로 지낸다는 것은 솔직함, 우정, 동일한 목적 따위를 의미하지만, 반드시 평등을 뜻하지는 않는다. 따라서 만약 상사가 친밀한 호칭으로 불러달라고 해서 실제로 그렇게 부른다고 해도 공손함은 유지해야 할 것이다. 여러분이 헝가리 현지 회사에서 근무한 지 얼마 안 되는 젊은 외국인 직원이라고 가정하자. 만약 여러분이 눈인사를 하거나 고개를 살짝 숙이거나 예를 들어 "방해해서 죄송하지만" 같은 관용구를 쓰면서 말을 시작하면 상사는 여러분을 무척 예의 바른 사람이라고, 여러분 같은 직원을 둬서 정말 다행이라고 생각할 것이다.

아마 여러분은 계속 영어를 쓰면 이런 문제를 피할 수 있으리라고 판단할지 모른다. 하지만 그것은 문제를 근본적으로 해결하는 방법이 아니다. 영어를 고집하면 최소한 헝가리인들이 볼 때 여러분은 인간관계의 측면에서 공손함의 정도를 명확하게 정할 수 없는 대상으로 남아버리기 때문이다. 그러므로 헝가리어로 인사하는 습관을 들이는 편이 좋다. 그렇게 하면 헝가리인이 여러분과의 관계를 어떻게 생각하는지에 관한 쓸모 있는 정보도 얻을 수 있다. 여러분이 "요 너포트 키바노크"(격식을 차린 인사)라고 서툰 헝가리어로 인사할 때 상대방이 미소를 지으며 "세르부스"(친밀한 느낌의 인사)라고 대답하면, 그것은 여러분이 생각보다 그 사람과 좀 더 친한 사이일 수도 있다는 의미이다.

사실, 헝가리어로 작별인사를 하는 가장 현명한 방법은 상황에 알맞은 표현을 쓰는 것이다. 여러 표현 중에 몇 가지만 소개하자면 "요 피헤네슈트(편히 쉬세요)"(퇴근하는 사람들에게 건네는 인사말), "요 문카트(잘했어요)", "요 물러타슈트(즐거운 시간 되세요)", "요 키란둘라슈트(잘 다녀오세요)" 등을 꼽을 수 있다.

• 만날 때와 헤어질 때의 인사 •

헝가리어로 "안녕하세요?"에 해당하는 여러 가지 인사말에는 대부분 "안녕히 가세요"라는 뜻도 있다. 친한 어른들끼리 나누는 환영인사나 작별인사 중에서 가장 흔히 쓰이는 것은 '하인'을 뜻하는 라틴어인 '세르부스(servus)'에서 유래한 세부스(szevusz)이다. 그 밖의 환영인사나 작별인사로는 시어(szia), 세버스(szevasz), 세르부스(szerbusz) 등이 있다. 사실 요즘에는 시어와 헬로(helló)가 가장 흔히 들을 수 있는 친근한 인사말일 것이다(옆집의 나이 지긋한 여인에게는 시어나 헬로 같은 인사말을 쓰지 말아야 한다. 너무 건방지게 들릴 것이기 때문이다).

지금까지는 빙산의 일각이다. 젊은이나 매우 세련된 사람들은 세버(szeva), 시오(szió), 시오커(szióka), 시어미어(sziamia), 시오미오(sziómió) 같은 인사말을 쓴다(모두 라틴어인 '세르부스'에서 비롯되었다). 헬로(헤어질 때도 쓴다), 헬로커(hellóka), 헬로벨로(helóbeló), 허호(hahó), 홀리(holi), 홀리호(holihó) 같은 인사말도 한 묶음으로 엮을 수 있다. 다만 헐로(hallo)는 의미가 조금 다르다. 이것은 벌판 저쪽에 있는 사람이나 전화 통화에서의 상대방을 부를 때 쓴다.

차오(csáo), 차(csá), 차추미(csácsumi), 차카니(csákány), 최(cső), 초체스(csocsesz), 초치(csocsi) 초비(csovi), 최바즈(csőváz), 추미(csumi) 등은 더 흔히 쓰이는 '치어오(ciao)'에서 파생된 인사말이다. 푸시(Puszi)와 푸선치(pusszancs)는

'볼에 가볍게 하는 키스'를 의미한다. 파(pá, 안녕히 가세요)는 나이 든 여인들이 쓰는 작별인사이다.

아이들은 남녀 어른을 각각 바치(아저씨)와 네니(아주머니)로 부를 수 있다. 어른도 자기보다 나이가 스무 살 이상 많은 사람들을 바치나 네니로 부를 수 있다. 외모에 크게 신경을 쓰는 특정 연령의 숙녀에게는 네니라는 호칭을 쓰지 말아야 한다. 남성들은 가령 대법원 판사나 자기 아내의 대부처럼 지위가 높은 사람을 바참으로 부른다.

헝가리에 한동안 거주할 계획이라면 헝가리어 수업을 받는 것이 좋다. 헝가리에서 친구나 동료와 대화할 때 영어를 쓴다고 해도 훌륭한 헝가리어 교사에게 배우면 공손하게 행동할 수 있는 요령에 관한 소중한 정보를 얻을 수 있을 것이다. 남자 선생님에게는 터나르 우르라는 호칭을, 여자 선생님에게는 터나르뇌라는 호칭을 쓴다. 이때 고개를 끄덕이며 진심 어린 눈인사를 해야 한다. 그리고 매우 친한 사이가 아닌 이상 가벼운 미소를 너무 많이 짓지 않는 편이 좋다. 배우, 예술가, 음악

가, 오페라 가수, 발레 무용수, 곡예사, 공중그네 곡예사 등은
뮈베스 우르나 뮈베스뇌라고 부른다.

집에 초대받을 때

집에 초대받는 것은 개인적으로 영광스러운 일이다. 사업 파
트너의 초대를 받은 경우에는 정장 차림이 좋겠지만, 종종 편
안한 차림도 괜찮을 때가 있다(확신이 서지 않을 때는 어떤 복장이 적
절한지 물어보면 된다). 일반적으로 초대를 받은 손님은 포도주 한
병과 안주인에게 선물할 꽃을 갖고 간다. 아이들에게는 조그
만 선물이 적당하다.

이제는 필수사항이 아니지만, 현관에서는 신발을 벗는 편이
나을 것이다. 특히 겨울에는 슬리퍼를 달라고 말하면 된다. 미
리 차려놓은 약간의 음식을 간단히 먹고 나면 정성들여 준비
한 맛있고 푸짐한 음식이 줄줄이 나올 것이다.

헝가리인은 책을 좋아한다. 집주인은 책장에 가득한 책을
자랑스러워할 것이다. 요즘 들어 책을 읽는 사람이 드물기는
하지만, 책은 도시건축, 보육, 심리학, 헝가리 동부 초원지대의

야생동물 같은 다양한 주제의 대화로 이어지는 다리가 될 수 있다. 대부분의 헝가리인은 역사에 관심이 많다. 그런데 자칫 역사 문제를 둘러싼 대화는 말싸움으로 이어질 수 있다. 헝가리에서 '최근'이라는 말은 18세기부터 지금까지를 의미하기 때문이다. 헝가리인이 소련군과 맞서 싸우다가 겪은 심각한 패배와 고통에 유의하기 바란다. 또한 1944~1945년에 미국과 영국의 공군 폭격기들이 헝가리를 공습한 점도 기억해야 한다. 그리고 1956년 봉기 때 미국이 헝가리인을 격려하다가 저버렸다고 여기는 사람들도 많다.

역사는 언제나 현재의 정치 이야기로 번진다. 물론 그것은 가장 논란을 일으키는 주제이다. 정치 이야기는 되도록 피하기 바란다. 반론을 펼치면 대가를 감수해야 한다.

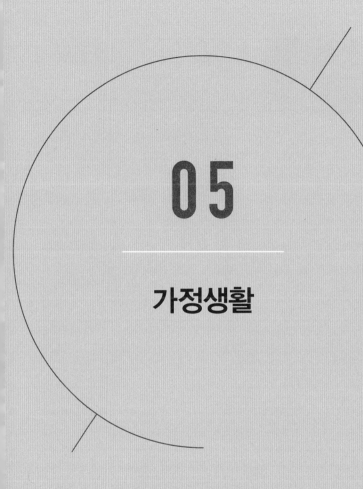

05

가정생활

헝가리에서는 사생아에 대한 낙인을 찍지 않는다. 부분적으로 나타나는 동거에 대한 사회적 비난의 분위기도 거의 없다. 2011년 인구조사에 의하면 91만 명이 결혼하지 않은 채 동거 중이다. 2013년에는 전체 산모의 약 46%가 미혼모였다.

주택과 주거

지난 20년 동안 상당한 규모의 보수 및 개조 작업이 진행되었지만, 헝가리를 찾는 많은 방문객들은 주거용 건물의 열악한 상태에 깜짝 놀란다. 예를 들어 이웃나라인 오스트리아와 대조적으로 헝가리 도시의 아파트는 허름하고 시골마을의 주택은 금방이라도 쓰러질 것 같다. 그러나 아무리 초라해 보여도 부다페스트의 아파트에 들어가 보면 아주 청결하고 깔끔하고 편안한 집이라는 점을 확인할 수 있을 것이다. 헝가리 주부들은 유럽의 다른 어느 나라 주부보다 집에 가장 많은 시간을 투자한다.

건물의 열악한 유지 상태는 특히 아파트에 적용되는 이야기이다. 대다수 아파트는 1990년대 초반에 국가가 입주자들에게 최저가로 판매한 것이다. 그때부터 지금까지 입주자들은 관리비를 둘러싼 합의에 도달하기가 어려웠고, 관리비 납부를 꺼리는 사람들을 찾아내기도 힘들었다. 현관, 계단, 승강기 등을 훑어보면 알 수 있듯이 아파트 관리비는 대체로 낮은 수준이다. 이 점은 아직 남아있는 19세기 후반의 멋진 주택과 1960년대와 1970년대의 조립식 고층 주택(퍼넬 하즈)에도 해당된다.

대부분의 헝가리인은 영어권 사람들이 열악하다고 평가할 만한 곳에 산다. 규모가 점점 커지고는 있지만, 대체로 65㎡ 넓이의 아파트에 3인 가구나 4인 가구가 생활한다. 방은 흔히 두 가지 이상의 용도로 쓰일 수 있다. 예를 들어 낮에는 거실과 서재로, 밤에는 침실로 사용한다. 헝가리 전체 주거 형태의 약 40%가 아파트이다.

1990년대에 대대적으로 시행된 주택 민영화에 따라 현재 전체 주택의 90%가 개인소유이고, 10%가 국가나 공공기관의 소유이다. 이 10%라는 수치는 독일의 경우(6%)와 비슷하지만, 영국의 '사회임대주택'의 비율에 비해서는 무척 낮다. 당시 입

주자들은 주택을 저렴하게 구입할 수는 있었지만, 수리비와 유지비를 감당할 준비가 되어있지 않았다. 각 지방 당국에서 보수 및 개조 작업에 필요한 보조금을 지급하지만, 신규 분양 아파트의 상당수가 재정적 압박에 시달리고 있다.

2004년부터 2008년까지 호황이 이어지는 동안 해마다 3만 5,000~4만 채의 신규 주택이 건설되었다. 이후 경기가 나빠지자 건축업이 위축되었고, 2013년에는 고작 7,300채만 지어졌다. 부동산 전문가들은 정부가 2016년에 약 1만 1,000채까지 수치를 끌어올릴 것으로 전망한다.

부다페스트 중심부 여러 곳에는 19세기 후반의 6층짜리 아파트가 서있다. 그 전형적인 아파트 건물 한가운데는 안뜰이 있다. 길가 쪽에는 넓은 계단과 입구가 보이고, 아파트의 모든 층에는 탁 트인 복도가 뻗어있다.

대다수 유럽 국가의 아파트와 달리 헝가리의 이 6층짜리 아파트는 다양한 계층의 입주자들을 위해 지은 것이었다. 길가 쪽의 1층에는 상점이나 작업장이 들어섰다. 문지기(하즈메슈테르)와 조수(비체)는 건물 1층 뒤쪽의 축축한 단칸방에서 생활했다. 아파트 건물 중에서 가격이 가장 저렴한 집은 가장 높은 층 뒤쪽에 있었다. 가장 크고 비싸고 천장이 높은 집은 길가 쪽 비교적 낮은 층에 있었다. 넓고 호화로운 편에 속하는 집에는 서로 연결된 방 6개, 주방 1개, 욕실 1개, 하인들의 숙소 등이 있었다. 이런 집은 대부분 제2차 세계대전 이후에 몇 개로 쪼개졌지만, 일부는 그대로 남아 임대되거나 판매되고 있다.

일과

헝가리의 하루는 보통 일찍 시작된다. 사무실은 오전 8시 30분이나 9시에 문을 열고, 학교는 대체로 오전 8시에 수업을 시작한다. 그러므로 아이들은 오전 7시 30분까지 집을 나서야 하고, 부모가 자동차로 저 멀리까지 태워주는 경우라면 더 일찍 출발해야 한다. 훌륭한 대중교통 수단에도 불구하고 부다페스트에서는 부모의 자동차로 등교하는 아이들이 차츰 늘어나고 있다.

점심은 보통 아주 간단하게 먹고, 저녁은 오후 6시쯤에 푸짐하게 먹는다. 전업주부는 낮에 시장에서 신선한 음식을 구입하겠지만, 맞벌이 부부가 늘어남에 따라 저녁을 점점 간단하게 먹고 종종 배달시켜 먹기도 한다. 1990년대 이전에는 음식 배달이라는 것이 없었다.

학교에 다니는 아이들은 오후 4시가 넘어야 귀가할 것이고, 저녁 시간에는 숙제를 하느라 바쁠 것이다.

시간적 제약은 쇼핑 습관에도 영향을 미친다. 헝가리의 모

든 도시에는 널찍한 서구식 슈퍼마켓이 있다. 매주 가족끼리 자동차를 몰고 쇼핑하러 가기도 하고, 아예 인터넷주문을 통해 문 앞까지 배달을 시키는 경우도 있다.

생활비

헝가리인은 대체로 서유럽인과 북미인에 비해 훨씬 적게 번다. 2016년 봄 기준으로 평균 월급은 26만 5,000포린트(940달러, 850유로)이다. 따라서 일상생활에 쓰이는 여러 가지 비용(대중교통비, 보육비, 오락비, 의료비)이 서유럽이나 북미보다 훨씬 적게 든다. 생활비 수준은 지역별로 다르다. 부다페스트와 서부 지역은 나머지 지역보다 생활비가 많이 든다.

많은 헝가리인은 시간 외 근무나 부업을 통해 생활비를 보충하기 때문에 여가시간을 마음껏 누리지 못한다. 그러나 대다수 직종에서 일주일 노동시간은 40~45시간이고, 직원들은 1년에 3~5주의 휴가를 얻을 수 있다.

가정

대부분의 헝가리 가정에서는 남편과 아내 모두 직장에서 일한다. 평균적으로 남성은 더 오래 일하고, 흔히 부업을 갖고 있다. 여성은 일반적으로 대부분의 집안일과 요리를 맡아한다.

오늘날 도시에서는 3대가 함께 사는 가구는 점점 드물어지고 있다. 하지만 함께 살지 않아도 할머니와 할아버지가 손자 손녀를 키우는 데 힘을 보태는 경우가 꽤 많다. 특히 근처에 사는 조부모는 더욱 그렇다.

헝가리 가정에서는 서유럽인이나 북미인이 보기에 이상할 정도로 아이들을 애지중지하며 키운다. 능력이 되는 한 헝가리 부모는 자녀의 학업에 무척 신경을 쓰고, 과외교습을 시키거나 숙제를 도와주는 경우도 많다.

중산층 가정의 10대 청소년은 평일 오후에 스포츠 및 음악 활동에 참여하거나 보충수업을 받는다. 결과적으로 10대 청소년은 서유럽과 북미의 청소년 하위문화 같은 것을 형성할 시간이 상대적으로 부족하다. 주말에 그들은 주로 집안일을 돕거나 어디를 찾아가거나 특정 활동에 참가한다. 일부는 아기 돌보기 같은 '용돈벌이'를 한다.

교육

지난 20년 동안 아이들의 숫자가 줄어드는 상황에서도 확실히 중산층 가정의 교육열은 뜨거워졌다. 대부분의 부모는 자녀가 되도록 교육을 많이 받기를 원한다.

교육 단계는 세 가지로 구분된다. 초등학교에서는 보통 8학년제의 초등교육이 시행된다. 그다음에는 3학년제나 4학년제의 중등교육이 기다리고 있다(일부 중등학교는 학생 수를 제한한다). 3세 어린이는 의무적으로 유치원에 다녀야 한다.

학교 수업은 영어권 국가의 경우보다 훨씬 더 딱딱한 분위

기에서 진행된다. 에레체기, 즉 중등학교 졸업장은 일반적으로 헝가리어, 수학, 역사, 외국어를 포함한 4~7개 과목의 시험을 치러야 받을 수 있다. 졸업시험 등급과 마지막 2년간의 성적은 고등교육 과정에서의 전공을 결정하는 근거 자료이다.

2015~2016년 학년도 기준으로, 약 52만 4,000명의 학생이 중등교육을 받았고, 그 가운데 약 40%는 학구적 분위기의 일반중등학교인 김나지움에, 또 40%는 실업전문학교와 약간 비슷하고 에레체기를 받을 수 있는 중등직업학교인 서쾨제피슈콜러에, 20%는 에레체기를 받을 수 없는 직업학교인 서키슈콜러와 슈페치알리시 서키슈콜러에 다녔다. 2010년에는 18세의 헝가리인 가운데 80%가 정규교육을 받았다. 이는 역사상 최고 기록이었다. 2014년에는 73%가 정규교육을 받았고, 19세부터 24세까지의 연령집단 중에서는 23.4%가 정규 고등교육을 받았다.

어떤 김나지움에서는 9학년이 되기 전에 학생들에게 1년간의 집중적인 언어연수를 시킨 뒤 4년간의 중등교육 과정 동안 2개 언어로 교육한다. 따라서 학생들은 헝가리어와 역사를 제외한 대다수 과목을 외국어로 배운다. 부다페스트에는 학비를 내는 미국인 학교, 오스트리아인 학교, 영국인 학교, 독일인 학

• 오르반 정부의 교육 개혁 •

헝가리인은 특히 자국의 교육제도를 통해 이룩한 성과를 자랑스러워하지만,
헝가리 교육의 기본철학은 역사적·종교적 전통에 따라 비판적 사고가 아니라
사실적 지식을 강조해왔다.

2002년부터 2010년까지 국정을 맡은 사회당과 자유민주연합 연립정부는
학생들의 자기주도적 성향을 장려하려는 교육제도를 강력히 추진했다. 졸업
연령도 18세로 상향 조정되었고, 덕분에 집시 같은 취약계층 출신의 학생들도
학업을 이어나갈 수 있었다.

그러나 오르반 정부는 2010년에 집권하자마자 철저한 교육개혁에 착수했
다. 헝가리 청년들을 현대 경제의 일자리에 적합한 인재로 키우고 재정적 낭
비를 줄이기 위한 교육개혁안이 발표되었다. 대학교의 경우 특히 예술과 인문
학처럼 재정 지원을 받는 분야가 줄어들었고, 중등직업학교 본연의 역할이 강
화되었다. 그 모든 조치의 목적은 숙련된 육체노동자들과 제조업 중심의 '노동
기반사회'에 적합한 기술자들을 양성하는 것이었다(현재 오르반 정부는 노동기반사
회를 헝가리 경제의 미래로 본다).

정부는 교회가 초등교육과 중등교육 단계의 학교를 인수하도록 장려했다.
그 결과 현재 헝가리 전체의 초등학교와 중등학교 중 12%를 교회가 소유 및

운영하고 있다(2005년의 수치는 4%에 불과했다). 한편 정부는 과거에 지방 당국이 소유했던 나머지 초·중등학교를 전부 국영화했다. 현재 그 학교들은 중앙정부 당국인 클레벨슈베르그 센터(KLIK)의 강력한 통제를 받고 있다.

장기적으로 어떤 긍정적 효과가 있을지 몰라도 이 같은 변화는 교직 사회의 광범위한 저항을 초래했고, 심지어 정부 지지자들도 반발하는 경우가 있다. 교육개혁을 비판하는 사람들은 정부가 사회 내부의 제한적 유연성마저 없애버렸다고, 또 의도적으로 아이들을 예측 가능한 '흐름' 속에 맡겨버림으로써 노동계급 가정의 아이들은 결국 육체노동직 쪽으로 쏠리게 되는 반면, 중상류층 가정의 아이들은 일류 학교와 대학교에 진학하게 될 것이라고 주장했다.

집시를 포함한 하층민의 처지에서 볼 때 유럽연합 가입 준비 단계에서 도입된 졸업 연령 상향조정안이 폐기되었고, 결국 17~18세의 학생들이 학업을 이어가는 경우가 줄어들었다.

교, 프랑스인 학교, 일본인 학교, 중국인 학교, 국제학교 등이 있다(헝가리 주재 외국인 학교 중 일부는 학비가 무료이다).

사립초등학교와 사립중등학교도 몇 군데 있다. 영국식이나 미국식 기숙학교는 극히 드물지만, 학교에서 먼 곳에 거주하는 학생들은 학교 근처의 기숙사(콜레기움)에 머물 수 있다.

졸업 행사

중등학교의 졸업반 학생들은 바쁘다. 가장 중요한 기말시험만으로 부족하다는 듯이 몇 가지 다른 문제에도 신경을 쓴다.

우선 가을에는 학생들의 가족이 초대되는 리본 무도회가 열린다. 졸업반 학생들은 각자 학년이 적힌 리본을 받는다. 리본은 졸업할 때까지 자랑스럽게 옷깃에 달아둔다. 졸업반 학생들은 반별로 몇 달 동안 아주 과감하고 현대적인 춤을 준비한다. 놀랍게도 10대 청소년들은 빈 왈츠를 완벽하게 선보이기도 한다. 학생들과 교사들의 사진은 활인화活人畵의 재료로 쓰이고, 그렇게 만든 활인화는 보통 해당 지역 상점에 전시된다.

이듬해 5월에는 행진이 있다. 교실과 복도는 꽃으로 장식된다. 졸업생들은 줄지어 서서 한 손으로 앞사람의 어깨를 잡은 채 꽃이 가득한 학교 곳곳을 누비며 '거우데어무시 이기투르(자, 이제 기뻐하자!)' 같은 전통 가요를 부른다. 11학년 학생들은 각 졸업생에게 작은 봉지를 하나씩 준다. 거기에는 부를 상징하는 포린트 동전 하나, 지식에 대한 탐구욕을 자극하는 약간의 소금, 넓은 세계로의 여정을 축하하는 의미의 맛있는 과자가 들어있다.

5월 행진이 끝난 뒤부터 시험을 다 치르기 전까지 졸업생은 교사의 집을 찾아가 집 앞 거리에서 노래를 부르고 추억의 밤을 보낸다. 끝으로 식당에서 파티를 열고, 앞으로 모두가 다시 만날 날을 기약한다.

최근에는 이 모든 행사 외에 특히 부다페스트에서 인기 있는 한 가지 행사가 더 있다. 그것은 바로 공식 무도회가 끝난 밤에 열리는 '뒤풀이'이다(최신 정보에 밝은 10대 청소년들은 '애프터파티'라는 영어를 쓴다). 평소 예의 바르고 착한 청소년들은 이때 엄청난 양의 술을 마신다. 두 명의 10대 청소년 자녀를 둔 부다페스트의 어느 학부모는 이렇게 말한다. "뒤풀이가 이튿날 새벽까지 이어지다 보니 졸업생들이 숙취에 시달리는 경우가 많습니다. 무도회가 끝나고 뒤풀이를 열지 않으면 유행에 뒤처진 것이죠. 뒤풀이는 필수 행사입니다."

사랑과 성

헝가리인은 사랑과 성 문제를 솔직하고 적극적으로 이야기하지만, 대체로 서유럽인보다 더 보수적인 태도를 취한다. 특히 어린 자녀와 부모 사이에서는 더 그렇다.

이성 간의 성행위가 법적으로 허용되는 나이는 14세이다. 헝가리인은 18세에 결혼할 수 있고, 부모나 보호자의 허락을 받으면 16세에도 결혼할 수 있다. 동성애 행위가 허용되는 나이도 18세이다. 18세는 '성노동자'의 최저연령이기도 하다.

그러나 더 보수적이거나 독실한 가정에서 여자아이들은 18세에 학교를 마칠 때까지 또래 남자들과 성인 남자들이 접근할 수 없는 존재로 간주되는 경우가 많다. 그런 가정에서는 '걷잡을 수 없다'라거나 학업에 지장이 있다는 이유로 10대 청소년 사이의 남녀관계를 막을 수도 있다.

반면 성관계를 맺을 기회가 생기기 마련이라는 점을 아는 진보적인 부모는 딸의 남자친구에 대해 알고자 애쓰고, 딸이 중등학교 고학년이 되면 남자친구를 집으로 초대하고, 심지어 딸과 남사친구를 배려해 외박을 감수하기도 한다.

10대 청소년의 성행위를 둘러싼 확실한 수치는 얻기 힘들다. 그래도 분명한 점은 10대 청소년 임신율이 크게 줄었다는 사실이다. 1980년 당시 15~19세 여성 1,000명당 정상출산 건수는 68건이었다. 1990년에는 40건으로 줄었고, 2003년에는 1990년의 절반 수준인 20건이었으며, 그 뒤 줄곧 비슷한 수준을 유지하고 있다. 나이 어린 어머니 중에는 정규교육을 채 8년도 받지 못한 경우가 많다.

10대 청소년의 임신율 감소 현상은 피임법 활용이 늘어난 결과일 것이다. 콘돔은 약국(조지세르타르)이나 슈퍼마켓에서 무료로 살 수 있다. 피임약과 경구피임약은 처방에 따라 이용할 수 있다. 낙태 건수는 1990년의 9만 건(정상출산 100건당 72건)에서 2013년의 3만 5,000건(정상출산 100건당 40건)으로 줄었다.

옥외에서 호객행위를 하는 매춘부는 경찰의 단속 대상이고, 매춘굴은 그 자체로 불법이다. 그러므로 대부분의 성매매는 비밀리에 이뤄진다. 외국인 손님들은 특히 절도나 바가지 요금 같은 위험을 감수해야 한다. 그러나 성매매는 활발하게 이뤄진다. 여전히 호텔 사환이나 택시운전사를 통한 알선, 몰래 광고지 돌리기, 술집에서 유혹하기 같은 '고전적인' 방법도 쓰지만, 요즘에는 인터넷이 기본적인 마케팅 수단이다.

오늘날 헝가리 아이들은 학교에 다니기 시작하는 여섯 살부터는 사람들 앞에서 발가벗은 모습으로 돌아다니지 않지만, 대다수의 부모는 사춘기의 신호가 나타날 때까지 자녀의 발가벗은 모습에 관대한 편이다. 헝가리인은 대부분 성인의 발가벗은 모습을 싫어하지만, 헝가리에는 부다페스트 바로 옆 마을 델레지하저를 비롯한 나체주의자 전용 목욕장이 몇 군데 있고, 겔레르트 같은 호텔에는 나체주의자 전용 일광욕 테라스가 있다. 벌러톤호를 비롯한 헝가리 여기저기에 나체주의자 전용 캠프장이 흩어져있다.

지난 20년 동안 소아성애 행위 같은 각종 성폭력의 위험에 대한 인식이 크게 높아졌다. 부모가 퇴근하기 전에 대중교통을 이용하거나 걸어서 귀가할 경우, 헝가리 아이들은 자동차를 타고 등하교 할 때가 많은 영어권 아이들보다 더 위험한 것처럼 보인다. 그런데 서유럽과 비슷한 통계도 있다. 헝가리 아이들도 집밖보다 집안에서 폭력과 학대를 겪을 가능성이 더 많다.

헝가리인은 아이들이 곤경에 처하거나 버릇없는 짓을 저지르거나 학대를 당하는 모습을 볼 때 가만있지 않을 것이다. 대체로 아이들은 혼자거나 적어도 이성 친구와 함께 있을 때는 공공장소에서의 품행이 서유럽의 일부 아이들보다 낫다. 10대 청소년의 폭력(특히 성인에 대한 폭력)은 흔하지 않다. 그러나 성인들은 아이들이 사춘기에 이르는 즉시 온정적 시선을 거둔다. 성인들은 버스에서 버릇없다는 이유로 화를 내며 10대 청소년들과 말다툼하기도 한다.

결혼

헝가리인은 결혼을 늦추거나 아예 하지 않는 경우가 많다. 대다수의 개발도상국들이 그렇듯이 헝가리에서도 평균 결혼연령이 상승했고, 현재 남성은 32세, 여성은 29세이다. 결혼한 사람의 약 55%가 이혼한다(미국과 영국의 이혼율은 각각 50%와 42%이다).

사생아라는 낙인도 찍히지 않는다. 부분적으로 나타나는 동거에 대한 사회적 비난의 분위기도 거의 없다. 2011년 인구조사에 의하면 91만 명이 결혼하지 않은 채 동거 중이다(결혼한 인구는 450만 명이다). 2013년에는 전체 산모의 약 46%가 미혼모였다.

1990년부터 지금까지 연간 출생아 수가 감소해왔다. 인구는 1980년대 초반에 1,070만 명으로 최고치를 기록했다가 지금은 980만 명에도 미치지 못한다.

대다수 선진국에서는 생활 수준이 높아짐에 따라 자녀 수가 줄어들고 있지만, 헝가리는 이 현상을 더 일찍, 그리고 더 심각하게 겪었다. 헝가리인은 '인구문제'를 인식하고 있지만, 노인 돌봄이라는 미래의 부담에 대처해야 하는 현실적 도전과제는 모른 체하고 있다. 2011년에 의무개인연금제도를 폐지한 오르반 정부는 현재 노인 돌봄을 가족의 법적 의무로 규정하려고 한다.

헝가리인은 대부분 2~3명의 자녀를 둔 가정을 이상적이라고 여기지만, 실제로 그런 가정을 꾸리는 경우는 많지 않다. 오르반 정부가 도입한 자녀세액공제 같은 적극적인 지원에도 불구하고 자녀 수가 많으면 집이 아이들로 너무 북적댈 것이라고 생각하거나 금전적 희생을 두려워하기 때문이다. 대가족은 십중팔구 도시의 부자와 농촌의 '하층민'에게만 해당되는 이야기이다.

인구 재생산이 가능하려면 여성 100명당 210명의 아기를 낳아야 할 것이다. 그런데 현재의 출산율을 적용하면 지금의 헝가리 여성들은 100명당 겨우 147명을 낳는 셈이다(1990년에는 165명을 낳았다). 저조한 출산율은 수명 연장에 힘입어 일부분 상쇄된다. 그동안 기대 수명은 평균 76세로 늘어났다(남성은 72세, 여성은 79세). 그러나 76세는 경제협력개발기구 평균치보다 4세 적고, 경제협력개발기구 회원국 중에서 가장 낮은 축에 속한다.

이렇듯 헝가리인은 수명이 차츰 늘어나고 있지만, 예전보다 결혼을 더 꺼리고 자녀를 덜 낳기 때문에 인구의 평균연령이 높아지고 있다. 농담조의 어느 전망에 의하면 최후의 헝가리인은 약 4,000년 뒤에 노환으로 사망할 것이다.

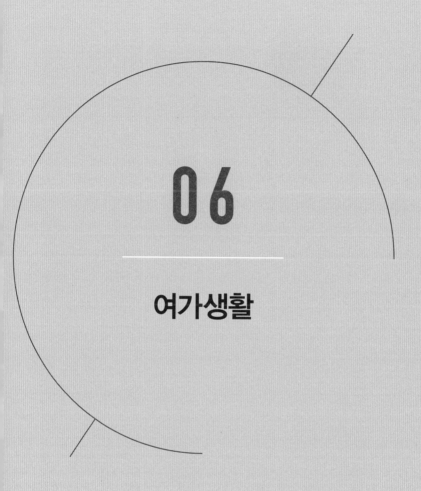

06

여가생활

집시 악단은 이미 유행이 지난 느낌이 들지만, 집시 악단을 구경하지 못한 사람은 진정한 헝가리 여행을 했다고 보기 힘들다. 집시 악단의 공연은 매력적인 구경거리이다. 특히 실로폰처럼 막대로 줄을 치는 대형 타현악기인 침발롬 연주가 그렇다. 이 세상의 모든 가락이 즉석에서 헝가리 집시 음악으로 바뀔 수 있다.

흙으로 돌아가다

러시아인은 가족 별장을 다차로, 프랑스인은 지트로 부른다. 헝가리인은 녀럴로나 비켄드하즈라고 부른다. 가족 별장은 그 저 창고가 딸린 텃밭을 가리킬 수 있지만, 잠을 잘 수 있는 오 두막도 함께 있는 경우가 많다. 어떤 '오두막'은 수영장, 포도주 저장실, 포도밭, 과수원을 갖추고 멋진 경치를 자랑하는 고급 주택이나 다름없다.

헝가리의 도시 거주자들은 불과 한두 세대 전에 농촌에서 도시로 이주한 경우가 많다. 따라서 녀럴로는 그들이 뿌리를 찾아 돌아가 조그만 땅을 가꾸거나, 편히 앉아 햇볕을 쬐거나, 딸기잼을 만들고 사과를 따거나, 수영과 낚시를 즐기거나, 그 냥 담장 너머의 이웃들과 이야기를 나눌 수 있는 소중한 공간 이다. 녀럴로의 주인은 보통 대가족의 일원이다. 대가족 중에 서 할아버지나 할머니는 오두막 수리나 텃밭을 가꾸는 일을 도맡고, 아마 여름철 내내 녀럴로에 머물 것이다. 이때 자식과 손주들도 일정 기간 머무는 경우가 많다.

가장 인기 있는 가족 별장 소재지는 벌러톤호, 벨렌체호, 두너강 만곡부 주변이지만, 헝가리 곳곳의 구릉지대에서는 가족 별장 단지를 볼 수 있다. 가족 별장 단지는 헝가리의 수많은 도시 거주자가 가장 선망하는 곳이고, 특히 여름철을 즐겁게 보내고 싶어 하는 장소이다. 헝가리인은 가족 단위로 함께 흥겨운 시간을 보내기를 좋아하는 사람들이다.

한편 가처분소득이 증가함에 따라 정기적으로 해외에서 휴가를 보내는 사람들도 늘어나고 있다. 일례로 크로아티아 해안으로 휴가를 떠나는 헝가리인이 늘어나면서 여름철에는 달마티아 지방의 주요 휴양지에 헝가리 경찰이 파견되어 치안유지를 돕는다.

음식과 음료수

【 시골 요리 】

시골 요리란 헝가리인이 주로 농촌에서 먹는 음식, 시간이 나는 주말에 먹는 음식, 전통적인 분위기의 수수한 식당의 메뉴에서 볼 수 있는 음식을 가리킨다.

헝가리 가정은 평균적으로 가처분소득의 3분의 1 정도를 음식과 음료수에 지출한다고 알려져 있다. 어느 당혹스러운 통계에 따르면 나이 많은 사람이 젊은 사람보다 음식과 음료수에 더 많은 돈을 쓴다고 하지만, 아마 이는 헝가리인들이 주말에 노인들의 집을 찾아가 전통적인 음식을 먹는 경우가 많기 때문일 것이다. 혹시 초대를 받으면 꼭 가서 먹어보기 바란다.

헝가리인은 되도록 한낮에 점심을 푸짐하게 먹고, 저녁에는 찬 음식을 먹는다. 헝가리인의 전형적인 점심은 수프와 주요리로 구성된다. 후식은 종종 생략되지만, 몇 가지 주요리는 달고, 심지어 단맛이 나는 수프도 있다.

육류는 날 돼지고기와 훈제 돼지고기를 추천할 만하다. 쇠고기는 보통 삶거나 약한 불에 양념과 채소를 곁들여 끓여 먹는다. 석쇠를 이용해 구워먹는 경우는 비교적 적다. 최상급 쇠고기는 비싸기 때문이다. 거위고기, 오리고기, 새끼양고기는 가끔 먹는다. 사슴과 멧돼지 같은 사냥한 짐승의 고기도 마찬

가지이다. 헝가리인은 생선을 많이 먹지 않는다. 냉동한 바닷물고기를 제외하고 인기 있는 생선은 잉어, 연어, 송어, 그리고 벌

러톤호의 진미인 포거시(강꼬치고기와 비슷한 농엇과의 민물고기) 등이 있지만, 많은 헝가리인은 생선 요리를 직접 하기보다 식당에서 먹기를 더 좋아한다.

어부들의 수프(헐라슬레)는 예외이다. 헐라슬레는 파프리카를 넣은 검붉은 색의 매운 수프로 어란을 비롯한 두 종류 이상의 생선이 들어간다. 헐라슬레는 흔히 야외에서 큰 냄비로 끓이고, 많은 가족들이 성탄절에 먹기도 한다. 그 밖에 유명한 수프로는 닭

고기나 쇠고기나 돼지고기에 소면과 당근, 파슬리 뿌리, 셀러리 뿌리, 양파 같은 채소를 섞어 말갛게 끓인 후슐레베시가 있다. 국물과 소면과 채소를 식탁에 따로따로 놓아두고 각자 입맛에 맞게 섞어 먹는다.

헝가리인이 떠올리는 푸짐한 음식이란 대

체로 진하고 매운 양념과 감자나 쌀이나 뇨키나 파스타나 절임 따위를 잔뜩 곁들여 오랫동안 만든 음식을 가리킨다. 겨울에 전통적인 방식으로 만들어 먹는 커다란 오이지가 인기 있다. 여름에는 이 오이지를 흔히 회향열매 몇 개와 빵 한 조각과 물을 항아리에 넣어 햇빛이 드는 곳에 놓아둔다. '발효된' 오이(코바소시 우보르커)를 만들기 위해서이다.

여름과 초가을에는 샐러드가 절임의 뒤를 잇는다. 일반적으로 샐러드는 토마토, 피망, 상추, 오이 같은 채소에 식초, 물, 설탕, 소금을 곁들여 반찬으로 내놓는다. 오이 샐러드에는 가끔 파프리카, 후추, 발효 크림 따위를 추가해 더 두꺼운 분홍색 드레싱을 뿌린다. 노란 피망은 보기보다 질길 수 있다. 크고, 넓고, 달콤하고, 엽육이 특히 두껍고, 색이 검붉은 피망인 퍼러디촘-퍼프리커(토마토 파프리카)도 빼놓을 수 없다. 멕시코산 칠리처럼 생긴 둥글거나 뾰족한 모양의 고추는 각종 요리에 쓰거나 갈아서 굴라시나 헐라슬레에 곁들이고, 마늘처럼 묶음 단위로 구입해 주방에 걸어놓을 수 있다.

마늘, 파프리카, 마조람 등은 가장 흔히 쓰이는 향신료이다. 헝가리에서는 서유럽의 고형 수프뿐 아니라 고형 굴라시와 고형 헐라슬레도 찾아볼 수 있다.

각종 소시지는 요리
하거나 보존 처리해서
먹는다. 외국에서 가장
유명한 헝가리 요리는
헝가리식 살라미와 처
버이와 줄러이 같은 단

단한 소시지이다. 아마 헝가리인은 삶은 소시지를 가장 많이
먹을 것이다. 두껍고 아주 맵고 마늘 맛이 나는 소시지인 데브
레체니는 흔히 정육점에서 연한 겨자와 갓 구워낸 빵과 함께
뜨끈뜨끈한 상태로 팔린다.

돼지 잡기는 꼬박 하루가 걸리는 가족 행사이다. 비위가 약
한 사람들은 되도록 피해야 한다. 돼지를 잡으면 겨울 내내 저
장실에 걸어둔 채 온 가족이 먹을 수 있는 다양한 돈육제품이
생긴다.

【 빵, 치즈, 베이컨 】

빵은 헝가리에서 소중한 음식이다. 빵은 아침, 점심, 저녁에 먹
는다. 헝가리인은 갈색빵이 도덕적·영양학적 측면에서 흰빵보
다 낫다는 견해에 공감하지 않는다. 그들은 빵이란 자고로 희

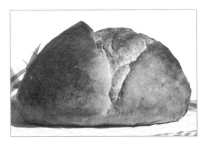

고 단단해야 한다고 이야기한다. 헝가리에서는 아마 옳은 말일 것이다. 최근 갈색빵의 인기가 점점 높아지고 있지만, 그래도 헝가리인은 흰빵을 가장 좋아한다.

헝가리인이 즐겨먹는 펠버르너는 전통적인 흰빵에서 살짝 벗어난 빵이다. 절반쯤 갈색을 띠지만 실제로는 흰 밀가루로 만든 흰빵이다. 그 밖에 인기 있는 흰빵에는 옥수수 가루나 감자 가루가 섞여있다. 헝가리에서는 롤빵도 많이 먹는다. 젬레는 매우 부드럽고 둥근 빵이다. 이 빵의 껍질은 부스러지기 쉽다. 키플리는 초승달 모양이며 짠맛이 더 난다.

많은 헝가리인은 빵을 사기 위해 일부러 전통 빵집을 찾는다. 얇게 썬 미국식 식빵은 슈퍼마켓에서 살 수 있다.

헝가리의 대다수 음식과 달리 헝가리 치즈는 상당수가 맛이 자극적이지 않고 부드럽다. 가장 인기 좋은 치즈는 트라피스트(트러피슈터)이다. 원래는 싱거운 맛이지만, 빵가루 반죽에 넣어 튀기면 맛이 확 좋아진다. 이 치즈는 타르타르 소스와 함께 식탁에 오른다.

리프토어(쾨뢰쵀트)는 암양의 젖으로 만든 수제 응유에 파프리카와 잘게 썬 양파를 넣어 만든 매콤한 치즈이다. 응유(투로)는 투로 루디라는 약간 얼린 초콜릿 바를 비롯한 달콤하고 짭짤한 여러 가지 헝가리 요리에 기본으로 들어간다.

훈제 치즈인 커러반과 헝가리식 에멘탈 치즈인 펀노니어도 맛있다. 페치 지역에서 생산되는 헝가리식 체더 치즈는 치즈 버거에만 어울린다. 퍼레니처는 꽈배기 모양으로 말아 올린 뒤 연기로 살짝 그슬린 반경질의 치즈이다. 팔푸스터이는 가장 역한 냄새가 나는 치즈 중 하나이다.

베이컨에서도 영국인이나 미국인 입맛과 헝가리인 입맛의 차이가 드러난다. 헝가리인은 비계를 베이컨에서 중요한 부분으로 여기고, 종종 베이컨을 날로 먹는다. 하지만 강하게 훈제한 베이컨의 비계는 치아 사이에 들러붙을 수 있다. 생양파, 질 좋고 기름진 헝가리 베이컨(설론너), 포도주, 탄산수(너지프뢰치), 큼지막한 토마토 등으로 구성된 상차림은 심장병 걱정이 없는 사람이 여름철 저녁에 맛볼 수 있는 최고의 식단일 것이다.

발효 크림은 여러 가지 헝가리 음식의 전형적인 재료이다. 실제로 발효 크림은 생크림보다 더 자주 쓰인다. 굵은 갈색 콩과 삶은 베이컨으로 만든 수프인 요커이 버블레베시는 발효 크림을 한 숟갈 가득 얹어 내놓는다. 발효 크림은 채식주의자가 좋아하는 버섯 퍼프리카시에도 들어간다. 그러나 발효 크림의 매력은 퇴뵈젤레크에서 가장 빛난다. 잘게 썬 길쭉한 호박으로 만드는 이 싱거운 음식은 파프리카, 양파, 얇게 자른 딜 따위로 향을 낸 진한 발효 크림소스를 곁들이면 별미로 탈바꿈한다.

【 사탕과자 】

헝가리인은 크레이프 펄러친터를 좋아한다. 크레이프는 주로 응유나 코코아나 잼으로 맛을 낸다. 식당 주인들은 호두 크림, 건포도, 술, 초콜릿 소스 등이 절묘하게 뒤섞인 맛의 크레이프,

즉 20세기 초반의 식당인 군델 카로이의 이름을 딴 크레이프를 주문하는 손님을 좋아한다. 일반 가정에서는 흔히 크레이프를 접시에 겹겹이 쌓아둔 채 각자 입맛에 맞는 재료로 속을 채운 뒤 돌돌 말아 먹는다.

아주 뜨겁고 달콤한 음식은 그 자체로 주요리가 된다. 그런 음식은 예를 들어 으깬 호두나 양귀비 씨나 가루설탕을 곁들인 파스타처럼 아주 간단한 요리일 수 있다. 살구 잼과 함께 나오는 판크는 도넛과 비슷하다. 버르거벨레시는 계란, 응유, 파스타, 설탕, 건포도 따위가 들어가는 여러 가지 달콤한 음식 중 하나이다. 슈트루델(레테시) 속에는 흔히 달콤한 코티지 치즈, 신양벚나무 열매, 사과 따위를 채워 넣는다. 빵집에서 살 수 있는 빵과자는 커피를 곁들이면 좋은 간식이다.

헝가리 방문객들의 눈이 휘둥그레질 만한 음식은 케이크와 토르테이다. 그러나 셀프서비스 상점에서는 케이크와 토르테를 자주 찾아볼 수 없다. 헝가리인은 전문 제과점의 자격 있는 제과사(추크라스)가 만든 것을 좋아한다. 그리고 좀처럼 집에서 만들어 먹으려고 하지 않는다. 헝가리 곳곳에는 직판장이 수없이 많고, 이들 직판장은 특히 주말 오후에 붐빈다. 부다페스트에는 게르베어우드, 허우에르, 뉴욕, 뮈베스, 언겔리커, 더

· 헝가리 포도주 ·

헝가리인과 외국인의 입맛 차이가 가장 심하게 나타나는 것은 포도주이다.

헝가리를 찾은 외국인은 흔히 "여기서도 포도주를 만듭니까?"라고 묻는다.

그럴 때면 헝가리인은 "물론 프랑스인도 포도
주를 만들지만, 제가 가장 좋아하는 포도주는
따로 있죠"라는 식으로 받아친다.

　공산주의 체제에서는 다른 여러 가지 산업처
럼 포도주 양조업도 질보다 양을 중시하면서 퇴
보했다. 그러나 이미 1980년대부터 헝가리의 포
도주 양조업자들은 기존 방식에서 탈피하고자
노력했고, 1990년대에 이르러 셉셰이 이슈트번
과 게레 어틸러 같은 근면하고 '개혁적인' 포도

주 양조업자들은 외국 포도주 비평가들에게 호평을 받았다. 그들이 내놓은 포
도주는 헝가리 국내에서 비싼 값에 팔렸고, 뛰어난 실력을 갖춘 후배 포도주
양조업자에게 본보기가 되었다.

　헝가리에는 22곳의 크고 작은 포도주 생산지가 있지만, 가장 유명한 곳은
부다페스트에서 북동쪽으로 약 240km 떨어진 토커이 지방이다. 토커이에서

생산되는 꿀맛 같은 디저트 포도주인 어수는 사업차 헝가리를 방문한 외국인 손님과 식후 축배를 들 때 기본으로 나올 것이다. 토커이는 외국 투자자의 관심을 가장 많이 끄는 곳이기도 하다. 1990년대 초반부터 프랑스, 스페인, 영국, 그리고 심지어 일본 투자자들도 이곳의 양조장에 지분을 보유해왔다.

여름과 가을에는 헝가리 전역에서 포도주 축제가 열린다. 그중에서 규모가 가장 큰 것은 9월 초순에 부다페스트에서 열리는 포도주 축제이다. 하지만 더 편안하고 여유 있는 분위기에서 즐기고 싶은 사람은 지방의 포도주 행사를 찾으면 된다. 부다페스트에 많이 있는 비교적 차분한 분위기의 포도주 전문 술집에서는 포도주를 즐기며 느긋하게 대화를 나눌 수 있다. 한편 지난 10년 동안 헝가리의 모든 지역에서 관광시설에 투자했기 때문에 유명한 포도주 생산지를 찾아가 양조업자들을 만나는 주말여행도 매우 즐거운 체험이 될 수 있다.

우브네르, 루스부름, 포시즌즈 그레슈험 같은 훌륭한 카페 겸 과자점이 있다.

외식

지난 10~15년에 걸쳐 헝가리에서는 식당 및 카페 문화가 폭발적으로 활성화되었다. 그동안 헝가리 국내에서 중산층이 늘어나고, 국외 거주자들이 외국에서 번 돈을 갖고 귀국하고, 저렴한 항공료 관광업이 급속히 성장한 덕분이었다.

각 지방도 이 같은 변화에 일정한 역할을 했지만, 변화의 주역은 부다페스트이다. 매년 여름, 저녁이 되면 부다페스트 곳곳은 항상 식사하는 사람들과 파티를 즐기는 사람들로 붐

비고, 겨울 저녁의 풍경도 크게 다르지 않다.

이 혁명적인 변화의 진원지는 도하니 거리 교회 뒤편의 제6지구와 제7지구의 거리와 골목이다. 그곳에서는 이른바 '폐허 술집'이 여럿 탄생했다. 개조(혹은 철거)가 예정된 건물에 자리 잡은 폐허 술집에서는 정성 들인 장식이나 고급 가구의 허세를 전혀 찾아볼 수 없다. 손님은 회반죽을 바르지 않은 벽에 둘러싸인 낡은 소파에 앉는다. 그러나 적어도 종업원들은 미소를 지었고 대개는 영어를 썼다. 학생과 자유분방한 손님을 위해 고안된 소박하고 저렴한 서비스가 순식간에 관광객들의 흥미를 끌자 전통적인 분위기의 식당들도 하나씩 변신을 선택했다.

한편 진취적 성향의 호텔업자들은 더 나은 식사를 제공하고자 애썼고, 꽤 많은 신흥 사업가들이 해외에서 일한 경험이 있는 헝가리인 주방장과 손잡고 요식업에 잇달아 뛰어들었다. 그들은 페스트 쪽을 주요 무대로 삼았지만, 부다 쪽에서도 활동했다.

몇 안 되는 와인 바나 수제 맥주가 가득한 선술집에 들르지 않은 대가는 간이식당과 싸구려 술집과 지하식당이 빚어내는 불협화음일 것이다. 하지만 그 불협화음 속에는 2016년판 〈미

• 믿을 만한 식당 •

저자들이 비교적 부유한 헝가리인과 외국인 여덟 명에게 음식의 종류와 품질의 측면에서 가장 좋아하는 식당을 물어본 결과 아무도 〈미쉐린 가이드〉에서 별을 받은 식당을 추천하지 않았다. 다음은 응답자들이 추천한 여러 음식점 중 대표적인 곳이다.

- **포모도로**(이탈리아 식당) : 진정한 이탈리아 레스토랑이다. 굉장히 신선하고 다양한 이탈리아산 생선을 맛볼 수 있고, 분위기도 멋지다.

- **로셴슈테인**(헝가리-유대 식당) : 가금류, 생선, 송아지 고기, 쇠고기 등으로 만든 갖가지 음식과 훌륭한 거위 간 요리와 헝가리식 생선수프가 나온다. 그런데 어울리지 않게도 감옥이 딸린 경찰서 옆에 자리 잡고 있다.

- **보츠크 비스트로**(헝가리 식당) : 가장 세련된 헝가리 요리를 먹을 수 있는 곳이다. 음식의 열량은 매우 높아 보인다.

- 오임피어(헝가리 식당) : 앞서 언급한 곳보다 저렴한 식당이다. 요리법과 요리 종류가 만족스럽나. 신용카드를 받지 않는다.

- 카페 쾨르 : 도심에서 업무를 겸한 점심을 먹기에 좋은 곳이다. 오리 다

리로 만든 요리와 프라이팬에 구운 닭고기 요리가 맛있다.

· **젤러 비스트로** : 학생들이 즐겨 찾는 식당이다.

쉐린 가이드〉에서 별 하나를 받은 5개 음식점이 숨어있다.

인쇄매체에 실린 식당 추천 기사를 전적으로 믿기는 어렵다. 상당수 정보는 해당 식당에서 대가를 지불하고 실은 광고이다. 그래도 점심을 해결하기 좋은 식당은 많다. 헝가리 식당에서 가장 먹을 만한 음식은 주로 오후 1시쯤에 나온다. 오후 1시 이후에는 차림표에서 '미리 만든 요리(케세텔레크)' 대신에 '새로 만든 요리(프리셴쉴테크)'를 고르는 편이 더 나을 것이다. 예를 들어 밥과 파스타는 오후 중반쯤이 되면 수분을 많이 잃어린다.

수수해 보이든 고급스러워 보이든 간에 대다수 식당의 음식 값은 서유럽의 절반쯤 될 것이다. 하지만 세상 어디에서나 마찬가지로 헝가리의 관광지에는 바가지를 씌우는 곳이 있다. 대표적인 곳이 바로 부다성 지구이다.

비용 대비 가치를 꼼꼼하게 따진다면 헝가리인이 메뉴라고 부르는 정식이 좋다. 정식은 보통 수프, 비교적 적은 양의 주요리, 달콤한 음식 등으로 구성된다. 부다페스트의 수수한 식당에서 정식의 가격은 대체로 1,000~1,300포린트이고(10%의 팁을 포함해 4~5달러), 부다페스트를 벗어난 지역에서는 훨씬 싼값에 정식을 먹을 수 있다.

정식을 선택하면 요즘 헝가리 식당에서 겪을 법한 문제를 피할 수도 있다. 최근 헝가리 식당은 손님을 두고 치열한 경쟁을 벌이고 있다. 식당 주인이 내놓는 한 가지 무기는 푸짐한 양의 1인분이다. 따라서 많은 손님들은 주요리 다음 단계로 넘어가지 못한다. 그러나 헝가리 음식은 원래 접시 하나에 가득 담아 먹는 것이 아니라 여러 가지를 잇달아 먹어야 한다.

누군가 여러분에게 좋은 식당을 하나 추천했다고 가정해보자. 헝가리 예절에 따르면 손님을 접대하는 사람이 식당에 먼저 들어가 종업원과 눈을 마주쳐야 한다. 아주 수수한 식당에도 손님을 식탁으로 안내하는 사람이 있을 것이다. 손님은 그 사람에게 어떤 자리를 원하는지 밝히고, 가장 좋아 보이는 식탁을 고르면 된다. 곧이어 종업원 두 사람이 나타날 것이다. 한 사람은 음료를, 다른 한 사람은 음식을 갖고 올 것이다. 종업원이 추천하는 포도주는 보통 믿고 마실 만하다. 식사는 느굿하게 즐기기 바란다. 만찬인 경우 때때로 이것저것 주문하면서 저녁 내내 머물러도 좋다.

이미 유행이 지난 느낌이 들지만, 집시 악단을 구경하지 못한 사람은 진정한 헝가리 여행을 했다고 보기 힘들다. 집시 악단의 공연은 매력적인 구경거리이다. 특히 실로폰처럼 막대로 줄을 치는 대형 타현악기인 침발롬 연주가 그렇다. 이 세상의 모든 가락이 즉석에서 헝가리 집시 음악으로 바뀔 수 있다. 그러므로 악장(프리마시)이 식탁으로 다가와 연주해주면 과감히 여러분의 노래 실력을 뽐내기 바란다. 집시 악단 공연으로 유명한 부다페스트의 식당으로는 카르파티어와 케흘리를 꼽을 수 있다.

술집

오후 6시에 영업이 끝나는 빅토리아주의 술집을 기억하는 나이 많은 호주인은 아마 특유의 칙칙하고 담배연기가 자욱한 헝가리의 코치머(선술집), 이털볼트(주류판매점), 보로조(와인 바)를 좋아할 것이다. 하지만 다른 사람들은 그렇지 않을 것이다. 술

· 팁 ·

팁의 액수를 결정하기는 쉽다. 총청구금액의 10∼15%를 주면 된다. 계산서를 먼저 확인하기 바란다. 상당수 업소에서 별도 품목을 '어떻게든' 추가하고, 많은 업소에서 서비스 요금을 기본으로 포함시키기 때문이다. 팁의 액수보다 팁을 주는 방식이 더 중요하다. 단 한 명의 종업원만 손님에게 계산서를 줄 수 있다. 계산 담당 직원의 바지 호주머니에는 지갑이 보일 것이다. 하지만 손님은 아무 직원에게 "피제트니 세레트네크(계산하고 싶습니다)"라고 말할 수 있다.

미리 합계를 내본 뒤 직원에게 팁을 포함해 총 얼마를 내야 하는지 물어보기 바란다. 그러나 공식 관광정보 사이트에서 경고하고 있듯이, 되도록 현금을 건네면서 "감사합니다"라고 말하지는 말기 바란다. 대부분의 종업원은 이 말을 거스름돈을 주지 않아도 된다는 뜻으로 받아들일 것이기 때문이다. 괜히 이렇게 말하면 자칫 불쾌한 오해로 번질 수 있고, 거스름돈만 날릴 수 있다.

늘 헝가리 화폐로 지불하는 것이 낫다. 요즘 대부분의 음식점에서는 신용카드를 받지만, 항상 신용카드 결제가 가능한지 미리 확인하기 바란다. 일부 업소의 신용카드 판독기는 너무 자주 말썽을 부린다.

다른 종업원에게는 팁을 줄 필요 없다(화장실을 쓸 때는 정해진 소액의 요금을 낼 수도 있다). 라이브 음악은 예외이다. 여러분의 가족이나 연인에게 세레나데를 들려준 바이올린 연주자나 여러분의 애창곡을 친절히 연주해준 피아노 연주자에게는 1,000~3,000포린트 정도의 팁이 적당하다. 팁은 바이올린의 브리지 쪽이나 피아노의 열린 건반 덮개 뒤에 놓아둔다.

택시 운전사에게 주는 팁은 7장에서 살펴보겠다.

집에서 손님들은 맥주, 포도주, 헝가리의 대표적인 증류주인 팔린커 등을 빠른 속도로 마신다. 음식은 아마 치즈 샌드위치(센드비치) 외에는 먹지 않을 것이다. 어떤 시골마을에서는 음주 외에 할 일이 없기 때문에 가끔 술집에 들를 필요가 있다. 술값은 마시는 도중에 낸다. 대부분의 술집은 밤 9시쯤에 문을 닫는다.

이들 술집보다 한 단계 높은 것은 에스프레소 커피점인 프레소이다. 프레소는 에스프레소 커피를 마시고 케이크를 먹을 수 있는 장소라는 약간의 자부심이 엿보이는 곳이지만, 이곳의 주요 판매 품목은 술이다. 대개의 경우 테이블 서비스가 제공된다. 프레소는 손님들이 가게 밖에 앉기를 좋아하는 여름에 진가가 드러난다. 텔레비전 소음이 너무 심하지 않는 이상 술을 마시거나 친구들과 만날 수 있는 세련된 장소이다. 밤 11시까지, 혹은 더 늦게까지 영업한다. 가게 안의 판매대에서 한두 잔 마신 경우를 제외하고 술값은 나갈 때 종업원에게 계산하면 된다.

맥줏집(쇠뢰죄)에서는 맥주를 비롯한 술과 고된 하루를 마친 사람들이 좋아하는 안주인 구운 육류를 판다. 대개의 경우 장식적인 마디가 많은 소나무 재질의 칸막이가 있다. 칸막이로 구분되는 좌석은 낯선 도시의 맥줏집에서 가족과 함께 즐기기에 가장 적합한 장소일 것이다. 맥줏집의 주방은 밤 9시쯤까지만 주문을 받지만, 9시 이후에도 술은 계속 마실 수 있다.

【 공공장소에서의 음주 】

단속 및 처벌 여부는 당국의 재량에 달려있지만, 길거리와 각종 공공장소에서의 음주는 원칙적으로 불법이다.

【 카페 】

부다페스트를 비롯한 몇 개 도시에서는 오스트리아-헝가리 제국 시절의 느낌을 풍기는 커피점이 부활하고 있다. 여러분이 간판에서 찾아야 할 단어는 카베kávé나 카베하즈kávéház이다. 많은 젊은이들이 느긋하게 커피와 술을 마시고 큰소리로 이야기

를 나누는 모습을 떠올려보기 바란다. 대다수 카페에서는 능숙하게 요리해 내놓는 음식 몇 가지만 판다. 한밤중까지 영업하는 카페도 많다.

물론 이런 카페와 분위기나 영업 방식이 다른 업소도 많다. 친구들과 즐거운 저녁을 보내는 데는 수수한 분위기의 식당이 가장 편리하고 편안할 것이다. 식당의 주방은 보통 밤 10시쯤부터 주문을 받지 않는다. 10시 이후에는 종업원들이 손님을 서둘러 내보내려고 빵 부스러기를 뿌리는 시늉을 한다.

인기 공연물

부다페스트는 오페라, 발레, 고전음악 애호가들의 천국이다. 공연의 질에 비춰보면 관람료는 매우 적절하다. 관람을 마치고 휴대품 보관소에서 각자의 물건을 찾아 나갈 때 내는 몇 백 포린트의 팁을 빼고는 추가 요금이 없다.

헝가리 국립 오페라하우스는 세계에서 손꼽히는 19세기 후반의 극장 건물로 유명하다. 여기서 원어로 상연되는 작품 목록에는 헝가리와 외국의 특별 출연자들이 멋지게 부르는 모차르트, 베르디, 푸치니, 바그너 등의 작품, 에르켈, 버르토크, 란키 같은 유명한 헝가리 작곡가의 작품, 야나체크, 프로코피

예프, 쇼스타코비치, 브리튼 같은 20세기 작곡가의 작품, 고전 발레와 현대 발레와 현대 뮤지컬 등이 포함된다. 1910~1911년 에 개관했다가 최근 보수한 에르켈 극장에서도 일부 작품이 상연된다.

부다페스트 오페레타 극장과 다른 몇몇 극장에서 상연되는 경가극에서는 무대 위쪽에 영어 자막이 뜨는 경우가 많다. 미리 확인하기 바란다.

가장 비싼 오페라 관람권의 가격은 약 2만 5,000포린트(90 달러)이고, 가장 저렴한 낮 공연의 특정 좌석의 가격은 500포린트(1달러 80센트) 정도이다. 헝가리인은 보통 몇 개의 공연을 볼 수 있는 관람권을 예매한다. 그렇게 하면 요금 할인을 받을 수 있고, 매년 동일한 좌석을 예약할 수도 있다.

부다페스트에서 교향곡이나 합창곡을 감상하기에 최적인 장소는 음악원(제네어커데미어)인 듯싶다. 음악원은 대대적인 보수공사를 거친 지금 놀랄 만큼 아름다워 보이고, 분위기, 금박, 파이프 오르간의 음관, 규모 등 흠잡을 데가 없다.

부다페스트 컨벤션센터는 소리의 울림이 뚜렷하지 못하다. 흔히 MUPA로 줄여 부르는 국립콘서트홀의 상연 목록은 훌륭하다. 국립콘서트홀이 위치한 페스트 남부 지역은 인적이 드문

편이기 때문에 택시를 잡아탈 때는 주의가 필요하다.

부다페스트에는 4개의 주요 교향악단이 있다. 지방의 주요 도시에도 정규 고향악단이 있다. 헝가리에서는 거의 매일 밤 어디선가 연주회나 독주회가 열릴 정도로 실내악의 전통도 뚜렷하다. 부다페스트 오페레타 극장과 헝가리 민속극장에서도 멋지고 흥미로운 공연이 펼쳐진다. 전자에서는 경가극과 뮤지컬 작품이 무대에 오르지만, 헝가리어가 쓰인다. 후자에서는 생동감 넘치는 민속춤 공연을 관람할 수 있다.

활기찬 공연이라고 하면 집시 100인 악단이라는 별칭이 있는 부다페스트 집시 교향악단을 빼놓을 수 없다.

포크, 록, 재즈

공산당 정권에게는 매우 유감스러운 일이었지만, 헝가리 젊은 이들은 1950년대부터 서구세계의 재즈 문화, 록 문화, 팝 문화에 푹 빠져들었다. 특히 메트로, 일레시, 오메가 같은 헝가리 토종 밴드는 1960년대부터 1970년대 초반까지 맹활약한 우상으로 평가된다.

1983년에는 쇠레니 레벤테가 작곡하고 브로지 야노시가 작사한 록오페라 〈이슈트반 왕〉이 처음 무대에 올랐다. 기독교를 전파하려는 이슈트반 왕과 기독교를 믿지 않는 경쟁자 코파니가 10세기에 벌인 투쟁을 대략적인 근거로 삼은 이 작품은 민족감정을 자극하면서 금세 인기를 끌었고, 지금도 호평을 받고 있다.

공교롭게도 헝가리는 서구세계 음악인들의 방문을 허용하는 측면에서 바르샤바 조약기구 가맹국 가운데 가장 개방적인 나라였을 것이다. 헝가리의 어느 청년(훗날 미국 워싱턴 주재 헝가리 대사가 되었다)은 1967년에 영국의 프로그레시브록 밴드인 트래픽을 만나려고 호텔 밖에서 기다리던 일, 그리고 트래픽 멤버들을 벌러톤호에 있는 가족 별장으로 초대한 일을 기억하고 있다. 제스로 툴은 1980년대 초반에 헝가리를 처음 방문했고, 지금까지 정기적으로 헝가리에서 순회공연을 펼치고 있다. 1980년대 후반에는 퀸이 부다페스트를 찾았고, 이후의 민주화 시기에는 예스, 밥 딜런, 폴 사이먼, 로드 스튜어트, 롤링 스톤스 등이 잇달아 방문했다. 오늘날, 외국의 유명 음악인들은 시게트와 볼트 같은 여름 음악축제에 주목하는 경향이 있다.

요즘 헝가리 국내에서는 록 밴드인 키슈칠러그, 팝 그룹인 벨헬로, 전도유망한 얼터너티브팝 음악가인 벌러주 서보 등의 인기가 높다.

팔 우트처이 피우크(클래식 프로그레시브록 밴드)와 디제이 펄로터이(헝가리 전자음악의 대부) 같은 원로 음악 그룹과 음악인도 여전히 색다른 공연을 펼치고 있다. 블루스 음악 애호가들에게는 하모니카 연주자인 프리보이스키 마차시와 기타 연주자인 타트러이 티보르의 인기가 높다.

【 재즈 】

재즈 애호가들은 헝가리의 재즈 음악계가 활발하게 움직인다는 점에 놀랄 것이다. 부다페스트에서는 딕시랜드부터 전위적인 스타일에 이르는 온갖 재즈 스타일을 두루 감상할 수 있다.

• 음악 부흥 운동의 모범사례인 헝가리의
'댄스 하우스' •

르네상스 시대의 궁정 음악가들에서 비롯되어 평범한 소작농들에게 이어진 전통 덕분에 트란실바니아(오늘날 루마니아령)의 각 지역에는 피들(바이올린과 비슷한 현악기-옮긴이), 비올라, 콘트라베이스 등으로 연주하는 고유의 아름답고 고상한 춤곡이 있다.

1960년대 후반부터 1970년대 초반까지 헝가리 음악가인 셰뵈 페렌츠와 헐모시 벨러는 라디오에서 그 춤곡을 들었다. 당시 헝가리 음악은 루마니아에서는 금지되었고, 헝가리에서는 민족주의적 냄새가 난다는 부정적 평가를 받았다. 두 사람에게 그 춤곡은 전혀 낯선 것이었다.

그들은 트란실바니아로 향했고, 집시와 헝가리 혈통의 음악가들에게 연주법을 배웠다. 두 사람은 헝가리로 돌아와 어느 지방의 강당에서 연주를 시작했고, 얼마 뒤 그들의 야간 공연은 큰 인기를 끌게 되었다.

정부가 눈감아주는 동안 수많은 젊은이와 지식인들이 공연을 관람하고 춤을 배웠다. 그중에는 당시 10대 청소년이었던 셰베슈첸 마르터를 비롯해, 훗날 그 음악 장르를 세계적으로 유행시킨 악단인 무지카시의 나머지 멤버들도 있었다.

지금도 댄스 하우스 운동은 여러 무도장에서 거의 날마다 울려 퍼지는 라이브 음악과 함께 활발하게 펼쳐지고 있다. 여름에는 댄스 하우스 캠프도 열린다.

항상 무용 강사의 도움을 받을 수 있기 때문에 누구나 쉽게 동참해 즐길 수 있다. 제5지구의 어러니 야노시 거리 10번지(토요일 저녁)와 제11지구 스트레고버 거리의 포노 뮤직하우스(수요일)가 가장 좋은 장소이다. 다른 곳은 www.tanchaz.hu를 참고하기 바란다.

댄스 하우스 운동 관계자들은 특유의 무용 강습 방법에 힘입어 유네스코 문화유산상을 받았다.

최고의 클럽은 부다페스트 재즈 클럽과 오퍼스 클럽이다. 서구 세계의 기준에서 볼 때 입장료와 음식 및 음료의 가격은 적당하다.

미술관과 박물관

부다페스트에는 예술 애호가들이 꼭 들러야 할 장소가 세 군데 있다. 흔히 첫 번째로 꼽히는 곳은 유럽의 여러 훌륭한 회화 작품을 소장하고 있는 순수미술관(세프뮈베세티 무제움)이다. 하지만 이 책을 쓰고 있는 지금, 이 미술관에서는 2018년 재개관을 목표로 보수공사가 진행 중이다. 저장고에 보관 중이거나 순회전시 중인 그림을 제외한 모든 소장품은 재개관할 때까지 헝가리 국립미술관에서 전시되고 있다.

순수미술관의 가장 유명한 전시품은 라파엘로의 '에스테헤의 마돈나', 고야의 '물 나르는 처녀', 들라크루아의 '번개에 놀라 날뛰는 말'이다. 그리고 모네, 마네, 세잔, 르누아르, 고갱, 샤갈, 렘브란트 같은 여러 화가의 작품도 눈에 띈다.

두 번째는 앞서 살짝 언급한 헝가리 국립미술관이다. 부다성 지구에 위치한 국립미술관에 서는 이미 오래전에 세상을 떠난 헝가리 예술가들의 유서 깊은 작품을 관람할 수 있다. 일부 작품은 놀라울 정도로 탁월한 수준을 자랑하고, 좀처럼 국외에서 전시되지 않는다. 초창기의 거장으로는 우이츠 벨러

(1887~1972년)와 커샤크 러요시(1887~1967년) 같은 1920년대의 전위예술 '활동가'뿐 아니라 버러바시 미클로시(1810~1898년), 보르쇼시 요제프(1821~1883년), 머더라스 빅토르(1830~1917년), 문카치 미하이(1844~1900년), 촌트바리 코스트커 티버더르(1853~1919년) 등을 빼놓을 수 없다.

세 번째 장소는 1884년에 완공된 헝가리 국립 오페라하우스이다. 대부분의 실내 공간을 뒤덮은 프레스코 천장화에서는 헝가리 역사주의 스타일의 3대 거장인 로츠 카로이, 세케이 베르털런, 턴 모르가 빚어낸 탁월한 구성을 엿볼 수 있다.

전체적으로 헝가리의 박물관과 미술관은 규모가 작고 전문성을 띠지만, 특별히 흥미로운 소장품을 보유한 곳도 있다.

메멘토 파크(흔히 '공산주의 조각 공원'으로 불린다)는 공산정권기 사회주의적 사실주의 작품이 전시된 야외 조각 박물관이다. 여기서는 여러 가지 프로그램을 통해 공산주의 체제를 간접적으로 체험할 수도 있다. 이 박물관은 부다페스트에서 남쪽으로 13km 떨어진 디오슈드에 있기 때문에 대중교통을 이용하면 좀 멀다는 느낌이 들지만, 가볼 만한 곳이다.

예비 기관사들은 북부 부다페스트에 위치한 철도박물관공원에서 꿈을 이룰 수 있을 것이다. 지금은 50량 이상의 기관차가 전시 중이고 과거에는 기차역이었던 이곳은 유럽 최대의 철도박물관으로 평가된다. 여기서는 매년 9월의 국제철도대회를 비롯한 특별행사가 정기적으로 개최되고 있다.

두너강 너머의 제3지구에는 보석처럼 빛나는 박물관이 몇 군데 있다. 그중 하나가 골드버거 섬유컬렉션이다. 이 박물관은 제2차 세계대전 이전에 있었던 골드버거 섬유공장의 옛터에 자리 잡고 있다. 공간 배치가 아름다운 이곳에서는 손으로 날염한 푸른색과 흰색이 뒤섞인 무명에서 1930년대의 멋쟁이 여성들이 걸친 우아한 비단에 이르는 각종 직물의 생산 공정을 살펴볼 수 있다. 다양한 색상의 갖가지 견본은 훌륭한 구경거리일 것이다.

골드버거 섬유컬렉션 북쪽 도로 건너편에 있는 빅토르 바사렐리 컬렉션도 꾸준한 사랑을 받는 곳이다. 술과 관련한 문화와 역사에 관심 있는 사람들에게는 제9지구의 즈버스크 우니춤 유산관과 제10지구인 쾨바녀의 드레허 맥주박물관이 안성맞춤일 것이다.

부다페스트 이외의 도시에 있는 명소로는 페치의 현대미술관, 케치케메트의 소박파Naive Art 미술관, 에스테르곰의 가톨릭교 미술관, 센텐드레의 세르비아 정교회 미술관 등을 꼽을 수 있다.

스포츠와 오락

대다수 헝가리인은 텔레비전으로 스포츠 경기를 즐겨 시청하시만, 25세가 넘으면 스포츠 참여 열기는 차츰 식기 시작한다. 관중을 가장 많이 동원하는 스포츠는 축구(포치)이다. 헝가리의 전설적인 축구 국가대표 팀인 황금 팀(어러니처퍼트)은 1952년 올림픽에서 우승했고, 1953년에는 무적을 자랑하던 잉글랜드를 웸블리 구장에서 6 대 3으로 격파했다. 이듬해에는 헝가리에서 열린 홈경기에서 잉글랜드를 다시 7 대 1로 대파한 뒤 월드컵대회 결승전에 진출했다. 황금 팀은 1950년 6월부터 1955년 11월까지 51회의 경기에서 220점을 넣었다.

그러나 "아, 옛날이여." 2016년 헝가리 국가대표 팀은 유럽축구선수권대회UEFA의 조별리그에서 포르투갈과 3 대 3으로 비

긴 끝에 16강까지 올랐다. 16강 진출로 전 세계의 헝가리인이 환호했지만, 그것은 본선에 진출한

1986년 멕시코 월드컵대회 이후 유일하게 기뻐할 만한 성적이었다.

그래도 오르반 빅토르 총리에게는 호재였다. 그는 어린 시절에 프로 축구선수가 되고 싶었지만 아버지의 강권으로 대학교에 진학했다고 한다. 2010년부터 그가 펼친 조세 정책에 따라 각종 스포츠 구단에, 특히 축구단에 거액을 기부하는 기업은 세제 혜택을 누리게 되었다.

열정과 자금을 쏟아부었지만, 오늘날 헝가리 축구단 간의 경기에는 대부분 몇백 명 정도의 관중만 모일 뿐이다. 이처럼 안쓰러운 형편의 뚜렷한 예외는 공산 정권 치하에서 '저항'을 주도한 팀으로 알려진 페렌츠바로시 축구단이다. 페렌츠바로시의 홈구장은 부다페스트 제9지구에 있는 멋지고 화려한 그루파마 아레나Groupama Aréna이다. 하지만 축구 시즌인 7월부터 12월까지, 그리고 2월부터 5월까지 주말마다 열리는 정규리그 경기에서 전체 좌석의 3분의 1 넘게 차는 경우는 드물다.

그러나 카누, 핸드볼, 수구, 수영, 5종 경기, 펜싱, 사격 등 헝가리가 세계선수권대회와 올림픽대회에서 두각을 드러내는 몇 가지 종목이 있다.

헝가리에서 스포츠 활동의 중심은 전국 곳곳에 산재한 스포츠클럽이다. 스포츠클럽에서는 아마추어 선수뿐 아니라 프로 선수도 활동하고 있다. 많은 클럽이 헝가리의 축구 리그 팀을 주축으로 활동한다. 이들 클럽에서는 아마추어 수준의 다양한 운동 시설을 이용할 수 있다. 흔히 학교 체육관에 소속된 지역별 스포츠클럽에서도 그렇게 할 수 있다. 해당 학교와 연고가 없어도 지역별 스포츠클럽에서 활동할 수 있다. 서유럽과 북미의 기준에서 볼 때 헝가리 스포츠클럽의 운동 시설은 그리 좋지 못하다.

10년 전, 골프는 미래 스포츠로 각광받았고, 상당수의 골프 코스 공사가 계획되었다. 하지만 막상 골프를 직접 즐기는 사람은 많지 않다. 현재 헝가리에는 누구나 회원으로 가입할 수 있는 18홀 코스 10개와 9홀 코스 몇 개가 있다. 18홀 코스는 대부분 부다페스트 주변과 벌러톤호 근처에 있다. 코스 사용료는 국제 기준에 맞게 정해지는 편이기 때문에 아마 회원 가입을 가로막는 장벽으로 볼 수 있을 것이다.

승마와 테니스는 꽤 합리적인 비용으로 쉽게 즐길 수 있고, 인기가 높다. 에게르에서 남쪽으로 30km 떨어진 소도시인 실바슈바러드는 리피자너 품종의 종마사육장으로 유명하고, 승마 애호가들에게 성지와 같은 곳이다.

벌러톤호에서는 윈드서핑과 카이트서핑과 요트 타기를, 티서호에서는 수상스키를  즐길 수 있다. 카누를 즐기기에 좋은 곳으로는 두너강의 시게트쾨즈 지대와 티서강의 포도주 생산지인 토커이 지역 주변을 들 수 있다.

부다페스트 중심부에 자리한 시립공원인 바로슐리게트의 호수에서는 10월부터 2월까지 스케이트를 탈 수 있다. 쇼핑센터에는 그보다 규모가 작은 스케이트장이 있다. 볼링도 많은 사람들이 즐긴다.

체스는 폴가르 가문의 세 자매가 1985년부터 2015년까지 국제무대에서 보여준 빛나는 활약에 힘입어 뜨거운 인기를 누리고 있다. 지금은 세 자매 모두 선수로서 은퇴했지만, 막내이자 역사상 가장 큰 성공을 거둔 여자 체스선수인 폴가르 유디트는 아직 국내외에서 체스를 적극적으로 알리고 있다.

헝가리 체스연맹에는 총 322개의 체스 클럽이 가입해있다.

여름이면 부다페스트 시내의 공원에서 체스를 즐기는 사람들이 많다.

저축과 지출

공산정권기 이후 상점, 은행, 우체국, 고객서비스 등이 눈에 띄게 개선되었고, 웬만한 도시에는 CBA 같은 국내 유통업체뿐 아니라 테스코, 스파, 오샹 같은 서유럽 유통업체의 슈퍼마켓이 최소한 1개는 들어서있다.

특히 부다페스트에서는 1995년부터 2005년까지 쇼핑몰과 하이퍼마켓이 우후죽순처럼 생겨났다. 물론 쇼핑몰은 편의성과 다양성이라는 장점이 있지만, 도시 변두리의 하이퍼마켓보다 물건 값이 더 비싼 편이다.

그러나 과시적인 외관에도 불구하고 쇼핑몰과 하이퍼마켓은 미소를 머금은 서비스와 품질의 측면에서 여전히 아쉬운 점이 있다. 심지어 부다페스트의 화려한 쇼핑몰에서도 영어를 비교적 능숙하게 구사하는 점원을 찾기가 힘들다.

은행은 서구세계의 은행과 거의 비슷한 수준이다. 곳곳에

현금자동입출기가 있다. 하지만 대다수 계좌와 서비스에는 잡다한 수수료가 뒤따른다. 현금자동입출기를 통해 계좌를 확인할 때도 수수료가 든다. 국가가 거의 모든 거래에 세금을 부과하는 점도 문제이다(이 세금은 계좌에 직접 부과되지는 않지만, 결국 은행 고객이 부담해야 한다).

쇼핑

가장 즐겁게 쇼핑할 수 있는 곳은 부다페스트와 그 밖의 몇몇 도시의 재래시장이다. 재래시장에는 대규모 상점도 있고, 채소나 꿀을 파는 노점상도 있다. 페스트에 위치한 관광명소인 중앙시장(너지처르노크)에는 살아있는 민물고기를 파는 상인이 있다. 지하층에서는 아시아산 조제식품도 판매한다. 이 시장에서는 일본이나 멕시코를 비롯한 세계 각국의 음식 특별전 같은 행사도 정기적으로 열린다. 위쪽의 철제 회랑에 자리 잡은 스낵 판매대는 부다페스트 최고의 즉석식품을 맛볼 수 있는 곳이다. 스낵을 먹을 때는 현지의 풍습에 따라 포도주와 탄산수를 섞은 음료인 프뢰치를 곁들이는 것이 좋다.

미국 대사관 뒤편에 위치한 제5지구의 시장은 중앙시장보다 찾는 손님들이 적지만, 중앙시장 못지않게 다양하고 맛있으며 저렴한 음식을 파는 상점이 늘어서있다.

부다성 지구와 그 밖의 몇 군데에서 이따금 열리는 수공예시장도 재미있는 곳이다. 이 시장은 특히 여름에, 그리고 보통 포도주 축제와 연계해 열린다. 페스트 중심부의 뵈뢰슈머르치 광장에서는 성탄절에 대규모 수공예시장이 선다.

농촌으로

여러 농촌 지역에는, 특히 삼림지대에는 도보여행자를 위해 표시된 오솔길이 있다. 나무와 담에 칠해놓은 표시는 도보여행용 지도에서 확인할 수 있고, 모든 오솔길에는 각 색깔을 가리키는 헝가리어의 머리글자(K는 파란색, S는 노란색, P는 빨간색, Z는 녹색)

가 할당된다. 가장 길고 호평을 받는 오솔길은 헝가리 국토를 가로지르는 블루 투어(케크 투러)이다. 가장 손쉽게 다녀올 수 있고 가장 인기 있는 도보여행지는 부다페스트를 내려다보는 부더산맥이다.

현재 약 200km의 자전거 도로가 있는 부다페스트는 중요한 자전거 도시로 성장했다. 부다페스트는 범뀴유럽 차원의 자전거여행 코스인 유로벨로의 6구간이 지나가는 도시이기도 하다. 하지만 보행자들과 주차된 차량이 자전거 도로를 가로막을 수 있기 때문에 자전거 이용자는 조심할 필요가 있다. 동시에 자전거 이용자도 법을 지키고 보행자들을 배려해야 한다. 사실 인도에서 위험한 속도로 달리는 자전거 이용자가 많다.

전국 도로지도에서 확인할 수 있듯이 부다페스트 이외의 지역에도 자전거 도로나 시골길이 종횡으로 펼쳐져있다. 오스트리아와의 국경에 있는 페르퇴호를 자전거로 일주하는 130~140km 정도의 코스는 경사가 완만하고 경치가 무척 아름다우며, 노변과 호숫가에는 편의시설도 많다. 자전거 대여료는 보통 하루에 2,500포린트(9달러)이다.

헝가리는 말에 대한 애정과 승마술로 유명한 나라이다. 헝가리에는 숙련된 애호가에게는 말을 내주고, 초보자에게는 승마술을 가르쳐주는 마사^{馬術}가 많이 있다. 이 승용마 전용 마사에서 즐기는 최대 일주일간의 패키지 여행상품은 대체로 서유럽보다 가격이 싸고, 특히 현지에서 예약하는 경우는 더 저렴하다.

헝가리는 조류의 생태를 관찰하기에 이상적인 곳이기도 하다. 다양한 조류 서식지가 있고, 여러 철새 이동로가 교차하기 곳이기 때문이다. 헝가리에서 공식적으로 기록된 조류는 365종이다. 이 부분과 관련해서는 제라드 고먼의 책 『헝가리의 새』가 최고의 길잡이가 될 것이다.

헝가리에는 민물낚시에 알맞은 호수와 강과 저수지가 많고, 특히 잉어와 메기를 비롯한 여러 종류의 맛있는 물고기가 잡힌다. 낚시 철은 어종과 장소에 따라 다르다. 낚시 면허는 현지에서 살 수 있고, 구입 가격은 적당하다. 낚시는 인기가 무척 높다.

헝가리에서 사냥은 오랜 역사를 자랑한다(여기서 사냥이란 짐승을 총으로 잡는 총사냥을 뜻한다. 헝가리에서는 사냥개지기와 사냥개가 짐승을 뒤쫓는 방식을 찾아볼 수 없다). 아라비아 반도를 포함한 세계 각지의 애호가들이 사냥을 즐기려고 헝가리를 방문한다. 사냥감으로는 노루, 사슴, 멧돼지, 무플런(야생 양의 일종), 각종 새와 물

새 등이 있다. 헝가리에 오래 살고 있는 사람들은 사냥 시험을 치르고, 제3자 보험에 들고, 헝가리수렵협회에 가입할 수 있지만, 방문객들은 자국의 사냥 면허를 헝가리수렵협회에 제출해야 한다. 아쉽게도 지금 헝가리에서 총기 대여는 불법이다. 사냥을 즐기려면 본인의 총이 있어야 한다.

헝가리에는 모든 수준의 암벽 등반가들이 흥미를 느낄 만한 실제 절벽과 연습용 인공 벽도 있다.

인적이 드문 곳

헝가리의 농촌 지역은 인적이 드물고, 독특한 매력을 지닌 곳이다. 방문객들은 전통적인 시골집에 특히 매력을 느낀다. 각 지역마다 고유의 형태가 있지만, 대부분의 시골집은 비교적 길쭉하고 좁은 대지에, 골목과 직각을 이룬 채 나란히 배열된 방 2~3개와 부엌 하나로 이뤄져있다. 시골집 주변에는 농장의 부속건물, 과수원, 길쭉하고 좁은 농지 등이 펼쳐져있다. 부엌 지붕에 뚫린 구멍으로 연기를 배출하는 방식은 20세기 초반에 화로와 제대로 된 굴뚝의 등장으로 자취를 감췄다. 시골집의

벽은 흔히 석재 기초 위에 진흙 벽돌을 쌓아 만들고, 지붕은 이엉이나 타일이나 널빤지 따위로 만든다.

노그라드주의 홀로쾨에는 1909년의 화재 이후 전통적인 방식으로 재건한 시골집 마을이 있다. 그 민속촌의 시골집들은 허물어진 중세의 성 가까이에 있는 조그만 교회 주변에 모여 있다. 일부 시골집은 빌려 쓸 수 있다. 부다페스트에서 북쪽으로 32km 떨어진 센텐드레 외곽의 국립야외박물관(슈컨젠)에서는 헝가리 각지에서 옮겨와 재건한 시골집과 농촌 건물을 구경할 수 있다. 솜버테이 같은 도시에도 비슷한 박물관이 있다. 헝가리의 대다수 시골마을에는 아직 전통 가옥이 남아있다.

비교적 부유한 헝가리인과 외국인 구매자는 헝가리의 시골집을 현대식으로 개조하기를 좋아한다. 형편이 될 경우 작은 텃밭이나 별장을 장만하는 것은 헝가리의 오랜 전통이다.

벌러톤호

벌러톤호는 넓이가 600km^2, 길이가 77km, 폭이 최소 1.5km, 최대 14km이다. 깊이는 대체로 4m 미만이고, 수심이 11.5m

이상인 지점은 없다. 둘레는 약 200km이다. 그러나 이 모든 수치에는 핵심이 빠져있다. 벌러톤호(벌치호로 부르기도 한다)는 단순한 호수를 뛰어넘는다. 벌러톤호는 일종의 정신 상태를 의미한다. 요즘은 아드리아해를 찾는 사람들이 더 많지만, 벌러톤호는 여전히 헝가리의 대표적인 여름 휴가지이다.

벌러톤호에서의 여름휴가는 기간이 8~10주에 불과하다. 헝가리인의 기준에서 볼 때 비용도 무척 많이 든다. 호숫가는 때때로 사람들로 북적이고, 40개 넘는 휴양지의 외관은 형언할 수 없을 정도로 아름답다. 벌러톤퓌레드, 벌러톤푈드바르, 티허니, 케스트헤이 같은 곳을 선택하면 벌러톤호 특유의 매력을 한껏 느낄 수 있을 것이다. 벌러톤호 주변 휴양지와 부다페스트의 최단거리는 96km 정도이다.

우윳빛을 띤 잿빛의 벌러톤호는 물결이 잔잔하고, 아드리아해만큼 깨끗하다. 여름날에는 수온이 섭씨 25~27도까지 올라간다. 겨울의 벌러톤호도 방문해볼 만하다. 겨울이 되면 벌러톤호는 금세 얼어붙는다. 스케이트를 타거나 손으로 움직이는 전통 썰매인 퍼쿠처('나무로 만든 개'라는 뜻이지만, 실제로는 밑에 날을 댄 부엌 의자이다. 짧은 스키 채를 이용해 앞으로 나아간다)를 타고 놀기에 좋다.

벌러톤호와 인근 지역에서 휴가 보내기는 19세기 초반에 소박한 형태로 시작되었다. 벌러톤퓌레드에는 심장병 치료에 효험이 있다고들 하는 샘이 있다. 케스트헤이에서 열리는 헬리콘 예술제는 1871년에 처음 개최되었다. 벌러톤호에서 즐기는 수영은 1830년대부터 부자들 사이에서 인기를 끌기 시작했다. 공산정권기에는 누구나 저렴하게 벌러톤호에서 휴가를 즐길 수 있게 되었지만, 1960년대에 급격히 늘어난 노동조합 숙박시설은 예외였다. 이 숙박시설 이용권은 사회정치적 요인이 반영된 정교한 점수제도에 따라 '노동자들'에게 분배되었다. 아직 다수의 노동조합 숙박시설이 남아있고, 주로 기업, 기관, 협회, 학교 등에 소속된 사람들을 대상으로 세 끼 식사가 포함된 간단한 서비스를 싼값에 제공하고 있다.

목욕과 수영

헝가리에는 목욕이나 수영을 즐길 수 있는 곳이 많다. 그중에서 가장 멋진 곳은 목욕 및 수영 복합시설, 자연 온천 호수, 사화산 아래쪽의 호숫가이다.

부다페스트에 위치한 수영 복합시설인 차사르-코미아디 (현지인들은 처시 수영장으로 부른다)의 기원은 오스만 제국 시절로 거슬러 올라간다. 여기에는 진지한 수영 애호가들을 위한 최고의 수영장이 있다. 수영장의 개수는 총 5개이고, 그중에서 3개는 옥외수영장이다. 차사르-코미아디에는 터키식 목욕탕이 있고, 루카치는 온수욕을 즐길 수 있는 19세기식 목욕시설이다. 시립공원인 바로슐리게트에 자리 잡은 세체니 온천장은 아마 부다페스트에서 가장 인기 높은 목욕시설일 것이다. 현지인과 관광객들은 여러 개의 수영장을 갖춘 이 신新바로크 양식의 시설에서 사철 내내 헤엄치고, 물에 몸을 담그고, 사우나를 즐긴다.

벌러톤호 근처 헤비즈에 있는 치유의 호수(조지-토)는 깊이가 39.5m이고, 세계에서 두 번째로 큰 온천 호수이다. 약간의 방사능을 띤 온천수는 이틀마다 교체되지만, 수면의 온도는 최소한 섭씨 27도로 유지된다. 빅토리아 시대 분위기의 목욕탕이 들어선 자리 아래쪽에서는 빨갛게 핀 열대 수련 사이를 누비며 수영을 즐길 수 있다.

시글리게트에서 벌러톤호의 잔잔한 물속에 몸을 느긋하게 담근 채 최고의 포도주 생산지 중 하나인 버더초니의 사화산을 바라보는 것도 좋다. 그런 다음 10여 개의 식당 중 아무 식당에서 포도주와 벌러톤호의 물고기(강꼬치고기와 비슷한 농엇과의 민물고기인 포거시) 튀김을 맛보면 된다.

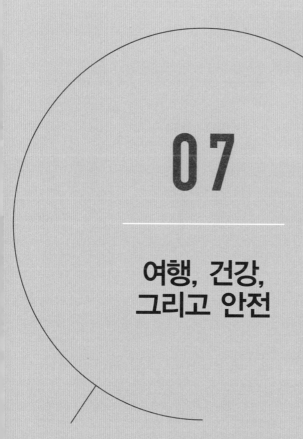

07

여행, 건강,
그리고 안전

지난 10년 동안 헝가리인의 운전 습관이 개선되었지만, 외국인이 보기에 아직 헝가리의 운전 문화는 공격적이고 매우 위험하다. 상당수의 헝가리 운전자는 가령 100m 앞에 빨간 신호등이 보여도 추월할 것이다. 가속 페달을 밟고, 교통신호를 예상하지 못한 채 다른 차를 앞지르다가 10초 만에 브레이크를 밟을 것이다.

공항

대다수의 민간 항공편은 부다페스트의 리스트 페렌츠 국제공항을 거점으로 운항된다(많은 사람들은 여전히 이 공항을 이전의 명칭인 페리헤기 국제공항으로 부른다). 현재 모든 항공편은 2A 터미널과 2B 터미널에서 처리된다. 부다페스트 도심에서 24km 떨어진 곳에 위치한 이들 터미널 사이의 거리는 도보로 4분이다.

이 공항에서는 일정한 규제하에 운행되는 택시를 이용할 수 있다. 부다페스트까지의 요금은 일반적으로 8,000포린트(29달러) 정도이다. 버스는 부다페스트 도심까지의 요금이 900포린트(3.5달러)이고, 30분마다 출발한다. 소형버스는 그다지 경제적인 교통수단이 아니다. 알뜰한 여행자들은 700포린트(2.5달러)라는 싼 요금으로 버스와 지하철을 이용해 부다페스트 도심까지 간다. 공항 환전소의 환율이 몹시 나쁘다는 점을 명심하기 바란다.

몇몇 국제항공편은 데브레첸 공항을 이용한다. 벌러톤호 남쪽 끝에 위치한 샤르멜레크에 있는 공항(지금은 헤비즈-벌러톤 공항으로 불린다)은 정기 항공편 횟수가 제한되어있다. 헝가리에는 국내 정기 항공편이 없다.

대중교통

헝가리에는 다양한 수준의 대중교통 체계가 구축되어있다. 도시 간 열차는 현대적이고 승차감이 좋으며 냉난방이 가동될 것이다. 하지만 활짝 열린 창문으로 여름의 열기를 겨우 식히고 지저분하며 좌우로 선로를 바꾸는 경우도 있다. 버스는 간혹 과속할 때가 있다.

헝가리국영철도공사는 부다페스트를 중심으로 뻗어나가는 약 8,000km의 방사형 노선망을 보유하고 있다. 오스트리아의 빈을 비롯한 외국의 여러 도시까지 이어진 국제철도인 레일제트는 최고급 서비스를 자랑한다. 레일제트의 주요 도시를 잇는 열차편은 깨끗하고 배차 간격이 짧으며 속도가 매우 빠르고 믿을 만하다. 급행 요금과 지정 좌석 요금은 일반적으로 고속 열차편에 적용된다. 65세 이상의 헝가리인과 유럽연합 회원국 국민은 자유이용권을 구입하면 헝가리 국내 열차편을 마음껏 이용할 수 있다.

장거리 버스편은 버스회사인 볼란이 운행하고 있다. 장거리 노선의 경우 열차가 버스보다 배차 간격이 더 짧고 속도가 좀 더 빠르며 요금이 아주 약간 더 비싸다. 하지만 국제 기준에서 볼 때 열차이건 버스이건 간에 요금은 매우 싼 편이다.

열차표는 탑승 전에 매표소에서, 혹은 전화나 인터넷으로 구입해야 한다. 일부 역에는 영어 설명이 나오는 자동 매표기가 있다.

부다페스트의 서부역(뉴거티)과 동부역(켈레티)은 탁월한 19세기 건축물이다. 서부역은 에펠사가 설계했고, 1877년에 완공되었다. 화려한 철제구조물이 돋보이는 구내식당은 아마 유럽에서 가장 우아한 맥도날드 지점일 것이다. 남부역은 널찍하고 편리한 공산주의 시절의 콘크리트 건물이다. 국제선 열차는 대부분 동부역에 도착하고 동부역에서 출발한다. 남부역의 국제선 매표소는 이용하는 사람들이 별로 없어서 표를 사기에 적당한 곳이다.

수상교통 수단은 상대적으로 부족하다. 봄, 여름, 가을에는 부다페스트 북쪽에서 두너강과 벌러톤호까지 여객선이 운행된다. 두너강을 거슬러 오스트리아의 빈까지 가는 수중익선도 있다.

다양한 교통수단

부다페스트의 대중교통 체계는 이 도시의 건축물만큼 다양하다. 부다페스트에서는 버스, 전차(트램), 무궤도 전차, 통근열차, 지하철, 케이블카, 톱니궤도식 철도, 의자식 리프트(부더 구릉지대까지 운행한다), 아동용 협궤철도 등 온갖 교통수단이 눈에 띈다. 몰 부비Mol Bubi라는 이름의 자전거 대여 제도는 비용이 저렴하고, 관광객이 이용하기 수월하다.

　지방의 대중교통을 이용하는 승객은 미리 차표나 무제한 이용권을 구입한 뒤 탑승해야 한다. 몇몇 버스 노선의 경우 운전사가 할증요금을 받고 차표를 팔기도 한다. 승차할 때는 반드시 차표를 검사받아야 한다. 한편 부다페스트에서는 차표를 펀칭기의 투입구에 넣는다. 부다페스트 지하철의 경우 개찰구에

서 이런 모습을 찾아볼 수 있다. 사복 차림의 퉁명스러운 검사원은 무임승차자에게 현장에서 범칙금을 부과한다.

케이블카는 세체니 다리의 부다 쪽 끝부분에 있는 아담 클락 광장과 부다 왕궁 사이를 오간다. 이 시설은 원래 노동사들이 부다 왕궁이 있는 언덕까지 싼 요금으로 올라갈 수 있도록 만들었지만, 지금은 솔직히 요금에 걸맞은 효과를 내지 못한다. 케이블카는 멋지게 복원되었지만, 짧은 거리를 왕복하는 요금이 대략 7달러나 된다. 버스를 타고 부다 왕궁에 도착한 뒤 강둑을 걸으면서 아름다운 경치를 볼 수 있기 때문에 굳이 케이블카를 이용할 필요는 없다.

1896년에 개통된 지하철 1호선M1은 유럽 대륙 최초의 지하철이었다. 당시 황제 겸 국왕이었던 프란츠 요제프 1세가 친히 시승했다. 2호선M2과 3호선M3은 대부분의 구간이 공산정권기에 건설되었다. 4호선M4은 2014년에 개통되었다.

셸 칼만 광장에서 전차로 두 정거장 거리에 있는 바로슈머요르에서 슈바브-헤지까지 톱니궤도식 철도(포거슈케레퀴)를 이용하면 재미있을 것이다. 이 철도는 1874년에 개통되었다. 톱니궤도식 기차는 3,733m의 급경사면을 약 15분 동안 시끄러운 소음을 내면서 매우 천천히 움직인다. 그런 다음에는 어린이 철도(제르메크버슈트)의 종착역으로 잠시 걸어가 어린이 기차를 타고 숲을 지나 휘뵈슈뷜지로 향한다. 1948년에 설치된 어린이 철도는 깨끗한 승무원 복장의 어린이 자원봉사자들이 어른들의 관리를 받으며 운행하고 있다.

택시

면허를 받은 택시는 노란색이다. 냉난방이 되고, 은행카드로 요금 결제가 가능하다. 요금은 고정 요율이 적용되지만, 요즘은 이전만큼 저렴하지는 않다. 기본요금 2달러에 1km당 1달러가 추가된다. 길거리에서 택시를 잡지 않는 편이 낫다. 외국인은 바가지요금을 쓸 수 있기 때문이다. 헝가리 정부는 2016년 기존 택시운전사들이 항의하자 우버 택시를 금지했다. 혁신을 지지한다고 주장하는 정부의 역설적인 조치가 아닐 수 없다.

팁은 대체로 요금의 10%를 주면 되지만, 최근에 요금이 올랐기 때문에 굳이 팁을 많이 줄 필요 없다. 택시는 한나절이나 하루 단위로 대절할 수도 있다.

도로

지난 25년 동안 헝가리는 총 1,609km에 이르는 고속도로망을 구축해왔다. 철도망처럼 고속도로망도 부다페스트를 중심으로 뻗어있다. 운전자들은 부다페스트의 M0 순환도로를 제외한 대부분의 고속도로를 이용할 때 요금을 내야 한다. 미리 통행료 스티커를 구입하지 못한 운전자에게는 범칙금이 부과될 것이다. 통행료 스티커에 관한 세부적인 정보는 인터넷에서 확인할 수 있다. 도로의 관리 상태는 나쁜 경우도 있다. 특히 도시에서 그렇다.

운전면허를 딸 수 있는 최저 연령은 17세이지만, 일부 렌터카 회사는 최소 19세나 21세 이상만 고객으로 인정한다. 그리고 모든 렌터카 회사는 최소 1년 이상 운전면허를 소지한 사람에게만 자동차를 대여해준다.

유럽 각국의 운전면허는 헝가리에서도 유효하지만 미국, 캐나다, 호주를 비롯한 비유럽 국가 출신의 방문객들은 국제운전면허증이 있어야 한다.

헝가리에서는 유럽 전역에서 흔히 보이는 국제 기준의 도로 표지와 표식이 쓰인다.

'오른손 법칙'을 명심하기 바란다. 표지가 없는 교차로에서는 우측 차량에 양보해야 한다.

시가지 밖에서는 낮에도 의무적으로 하향 전조등을 켜야 한다. 시가지에서는 밤에 상향 전조등 사용이 금지된다. 자동차에는 구급상자와 삼각대를 비치해둬야 한다. 시가지의 제한 속도는 50km이고, 시가지 밖은 56km, 간선도로는 68km, 고속도로는 130km이다.

부다페스트를 포함한 여러 도시에는 무인주차기가 설치된 유료 주차장이 있다.

운전 문화

지난 10년 동안 헝가리인의 운전 습관이 개선되었지만, 외국인이 보기에 아직 헝가리의 운전 문화는 공격적이고 매우 위험하다. 상당수의 헝가리 운전자는 가령 100m 앞에 빨간 신호등이 보여도 추월할 것이다. 가속 페달을 밟고, 교통 신호를 예상하지 못한 채 다른 차를 앞지르다가 10초 만에 브레이크를 밟을 것이다.

이처럼 공격적인 성향은 통계에 반영된다. 2014년 헝가리의 도로 교통사고 사망자는 626명이었다. 10만 명당 6.3명이 도로 교통사고로 숨진 것이다. 자동차 사용빈도가 훨씬 많은 영국의 경우 같은 해의 10만 명낭 도로 교통사고 사망자는 2.9명이었다.

경찰의 교통사고 예방 방식은 매우 비효율적일 때가 많다. 헝가리 경찰은 위험한 운전자를 표적으로 삼는 대신 뚜렷한 이유 없이 아무 자동차나 세운 뒤 절묘한 구실을 대면서 범칙금을 부과할 수도 있다. 경찰이 노란 딱지를 끊으면 운전자는 우체국에서 범칙금을 내야 한다. 벌점 제도가 있다. 따라서 교통법규를 연거푸 위반하면 면허가 취소될 수 있다. 그리고 헝가리에서는 혈중알코올농도와 무관하게 음주운전 자체가 금지된다.

교통사고가 났을 때 신체 상해가 발생했거나 운전자들의 책임 소재가 불분명한 경우에는 경찰을 불러야 한다. 그 밖의

응급 전화번호	
소방/경찰/구급차: 112	
자동차 고장: 188	

경우에는 보험 서류를 교환하거나 사적으로 합의하면 된다.

만약 여러분이 명백한 피해자일 경우에는 현장 주변의 경험 많은 사람들이 되도록 경찰을 부르라고 조언해줄 것이다. 사고 관련자들은 일정한 양식의 문서를 작성해야 하지만, 언제든 그 문서에 담긴 진술을 취소할 수 있다(협박을 받거나 혼란스러운 상황에서 작성했다는 이유로). 경찰이 입회해있으면 가해자가 나중에 진술을 취소하는 일을 막을 수 있다.

근교 여행

부다페스트를 벗어나 짧은 여행을 즐길 수 있는 장소 몇 군데를 소개하겠다. 어디에 가든지 현지 식당에 앉아 음식을 맛보기 바란다. 대개의 경우 부다페스트의 식당과 비교해도 손색이 없을 것이다. 곳곳에 있는 민박집에도 만족할 것이다.

대중교통을 이용해 센텐드레(독특한 거리, 세르비아 정교회 예배당, 세르비아 정교회 미술관, 예술품), 에스테르곰(바실리카, 성당, 기독교 미술관, 성터, 18세기 도시), 바츠라토트(손질 되지 않은, 거대한 식물원), 괴될뢰(복원된 여름 궁전), 케치케메트(아르누보 양식 건축물, 완구박물관, 브랜디박물

관, 소박파 미술), 헤렌드(도자기 공장 및 박물관) 등지에 갈 수 있다.

자동차가 있으면 홀로쾨, 세체니(기울어진 교회 종탑, 사냥박물관이 딸린 저택, 전형적인 시골마을), 에게르(헝가리 최고의 바로크 양식 마을, 리케움 건물, 바실리카, 성, 포도주 양조장, 교회), 페치(미술관, 졸너이 도자기 박물관 특구, 바로크 양식 건물, 오스만 제국 시절 유적), 쇼프론(중세 마을, 박물관, 숲) 등지를 둘러보는 것이 좋겠다. 에게르, 페치, 쇼프론, 쉬메그는 부다페스트에서 기차를 타고 가도 되지만, 시간이 좀 걸린다.

젊은 방문객들에게는 센텐드레 외곽(야외 박물관), 비셰그라드(궁전 터와 성, 두너강 경치, 바퀴가 달린 여름용 봅슬레이), 이포이터르노

· 어느 겨울날 ·

성탄절 며칠 뒤에 헝가리의 숨은 보물 중 하나를 구경하고 근사한 음식점에서 식사를 하려고 일행과 함께 자동차를 타고 길을 나섰다. 부다페스트를 벗어난 뒤 2시간 동안 구불구불한 도로를 따라 달렸다. 왼쪽에는 벌러톤 고지대가 펼쳐져있었다. 먼지가 자욱하고 황량한 소도시 쉬메그에 도착했다. 교구 교회에 들어가려고 했지만, 문이 잠겨있었다. 지역 박물관과 바로크 양식의 허름한 저택을 지나 이리저리 돌아다녔다. 어느 노파가 우리에게 어디를 찾고 있냐고 물었다. 교구 교회를 구경하고 싶다고 대답했다. 노파는 쇼핑백을 들고 있는 키가 큰 청년을 가리키며 "저 사람을 따라가세요!"라고 말했다. 그 청년은 교회 지기였다. 그는 우리를 교회로 안내했고, 교회 벽면의 프레스코를 자랑스럽게 보여줬다. 그렇게 우리는 겨울날의 희미한 햇빛 속에서 프란츠 안톤 말베르츠 (1724~1795년)의 걸작을 감상했다.

많은 주민들이 중세 성의 초입에 자리 잡은 커다란 식당에서 늦은 점심을 먹고 있었고, 우리도 거기서 맛있게 식사했다.

지금은 박물관인 쉬메그성은 헝가리인이 오스만튀르크족뿐 아니라 오스트리아인들과도 싸움을 벌였던 역사적 현장이다. 이곳은 헝가리에서 가장 훌륭하게 복원된 요새로 평가된다.

츠(2,300만 년 전 화석과 발자국), 실바슈바러드(리피자너 품종의 종마사육장, 마차 박물관, 폭포), 어그텔레크(슬로바키아 영토까지 뻗어있는 방대한 동굴계, 희귀종 박쥐의 서식지), 호르토바지(승마술), 벌러톤퓌레드(목욕, 보트 타기), 티허니(경치, 내수도원)가 알맞을 것이다.

건강

헝가리의 공공 의료서비스는 혜택 기준이 불공정하다. 보건 인력은 임금 수준이 형편없고, 사기가 떨어져있다. 헝가리 국내 언론은 낮은 치료 수준을 많이 지적한다. 그러나 응급처치를 받은 외국인 관광객들의 반응은 무척 긍정적이다. 하지만 장기 체류자들은 대부분 민간 의료보험에 가입해있다. 유럽연합 회원국의 국민들은 무료 진료를 받을 수 있고, 그 밖의 외국인들은 응급처치를 받을 수 있다. 헝가리인은 적절한 치료를 받기 위해 의사에게 관행적으로 사례금을 주지만, 외국인 환자들은 굳이 그렇게까지 할 필요 없다.

치안

부다페스트와 헝가리의 치안은 전반적으로 매우 양호하다. 강력 범죄 발생 빈도는 무척 낮다. 하지만 방문객들은 조심해야 한다. 자동차에 귀중품을 두지 말고, 기차역처럼 사람들로 붐비는 곳에서는 소매치기를 주의해야 한다. 출퇴근 시간에 대중교통을 이용할 때나 두너강에서 유람선을 타고 있을 때도 마찬가지이다.

폭력보다 사기를 당할 위험이 월등히 높다. 부다페스트 도심에서 특히 남자들은 영어를 쓰는 매력적인 여자들(함께 술이나 음식을 먹자는 제안에 반색한다)과의 '우연한 만남'을 조심해야 한다. 실제로 스칸디나비아 반도 출신의 남자 두 명이 그런 여자들의 유혹에 넘어가 4인분의 저녁 식사를 즐긴 대가로 7,500달러를 내야 했던 사건이 있었다. 쾌적하지만 평범한 식당의 '어깨들'에게 둘러싸인 채 말이다. 어떤 나이트클럽에서도 술값에 바가지를 씌운다. 항의하는 관광객들은 봉변을 당한다. 어느 서유럽 출신 외교관은 이렇게 말했다. "그 불량배들은 인정사정없습니다. 일주일 전쯤에 어떤 남자가 죽도록 얻어맞기도 했죠."

대사관에서는 헝가리를 방문해도 안전에는 이상이 없다고 강조하지만, 각 대사관 웹사이트에는 사기와 기타 범죄를 피하는 요령이 실려있다.

길거리에서 환전해준다는 유혹에 넘어가지 말기 바란다(한때 유리했던 암시장 환율은 사라진 지 오래이다). 환전한 다음에는 '경찰'이 등장하기 마련이다. 돈을 보여달라고 해도 응하지 말아야 한다. 십중팔구 가짜 경찰이기 때문이다.

진짜 경찰은 대체로 관광객들에게 도움이 되지만, 범죄를 신고할 때는 통역이 필요할 것이다. 공식 신분증(사진이 있는 운전면허증이나 여권)을 항상 지니고 다녀야 한다. 헝가리에서 외국인이 가장 흔히 저지르는 위법 행위는 음주운전이나 교통법규 위반이다. 적잖은 범칙금을 내야 할지도 모르는 상황에서는 빨리 법적 조언을 구하기 바란다.

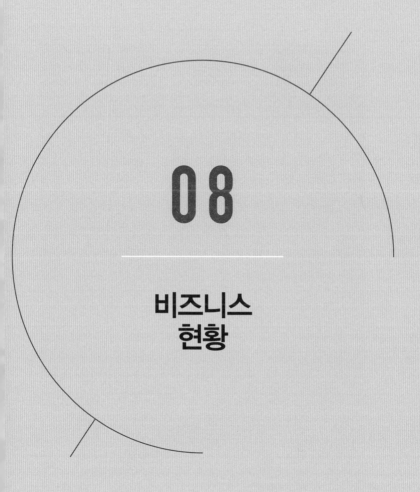

08

비즈니스
현황

헝가리인과 회의실에서 만나 모든 사안을 논의했을 경우 합의에 도달한 것처럼 보이지만, 정작 그 자리에 협상을 매듭 지을 자격을 갖춘 사람이 없는 경우가 많다. 따라서 회의 전에 미리 상대방에 대한 정보를 파악해두는 자세가 무척 중요하다.

경제

양복 차림의 미소 짓는 사업가들로 가득한 부다페스트의 현
대식 사무 단지로 공간 이동한 사람은 헝가리를 일류 서방국
가의 일원으로 여길지 모르겠다. 그러나 아쉽게도 헝가리의
여러 지방은, 그리고 심지어 부다페스트의 일부 구역은 사정이
다르다. 헝가리의 경제 상황은 지역별로 크게 차이가 나고, 수
도인 부다페스트와 서북서 지방은 비교적 경제적 형편이 좋다.

헝가리는 국토 면적이 세계 109위이고, 인구는 91번째로 많
으며, 경제규모를 평가하는 가장 일반적인 척도인 국내총생산
순위는 60위이다. 2014년 헝가리의 구매력평가 기준 1인당 국
내총생산은 유럽연합 평균의 3분의 2 수준인 약 2만 5,000달
러였다.

세계적 차원에서 볼 때 민간 부문이 경제활동의 80%를 담
당하는 헝가리는 선진국으로 평가되지만, 유럽적 차원에서 보
면 아직 신흥국이다. 2016년의 월별 평균임금은 약 850유로,
즉 940달러이다.

흔히 드러나는 공산체제 시절에 대한 향수에도 불구하고
생활 수준은 1990년에 비해 훨씬 좋아졌다.

자국 기업의 성장과 발전을 위한 노력

직접 창업투자에 나선 경우든 허약한 현지 기업을 되살린 경우든 헝가리의 외국인 투자자들이 거둔 성공은 양날의 검이었다. 행사용 리본을 자르는 정치인이나 그들을 지켜보는 군중 속의 취업자 같은 헝가리인들은 외국인 소유의 공장이나 제작소의 준공식 소식에 열렬히 환호한다. 하지만 경우에 따라 기업주의 국적이 헝가리가 아니라는 사실을 안타까워할 것이다.

그래도 헝가리에는 유수의 자국 기업이 있다. 우선 2015년에 매출액 150억 달러를 기록한 정유회사 몰Mol을 꼽을 수 있다. 몰은 북해에서 파키스탄까지 탐사할 계획이고, 유럽 곳곳에 주유소를 두고 있으며, 크로아티아와 슬로바키아에서는 복잡한 정유공정을 가동하고 있다. 한편 OTP 은행은 인수 작업에 바쁘고, 제약회사인 게데온 리히터는 북미와 러시아 등지에 수출하고 있다.

　　비데오톤은 자국 민간 기업의 모범적인 성공 사례이다. 공산정권기의 전자회사에서 자동차 부품과 가정용품 제조업체로 변신한 이 기업은 헝가리 최대의 민간 제조업체이다. 매출액은 5억 유로에 달하고, 헝가리의 본사와 불가리아, 독일, 우크라이나 등지의 여러 자회사에서 약 1만 명을 고용하고 있다. 이보다 규모는 작지만 역동적인 기업인 매스터플래스트는 새로운 시대의 결과물이다. 1997년에 설립된 이 절연재료 전문회사는 8,400만 유로의 매출액을 자랑하고, 10여 개 나라에 자회사를 두고 있다.

　　수많은 등록 기업 중에 성공을 거둔 IT 업체도 여럿 있지만, 아직 효율성이 부족하다.

　　부다페스트를 거점으로 운영되는 경제학 정책연구소 코핀

트-타르키의 소장인 펄로츠 에버는 이렇게 말한다. "헝가리인이 소유한 대기업 가운데 몇 개는 크게 성공했지만, 중소기업은 경제적 성과의 측면에서 중요한 역할을 맡지 못합니다. 많은 소기업과 초소기업은 가계예산을 유지하고 자동차 같은 물건을 구입하기 위한 자금 확보 수단에 불과하죠. 이들 기업은 뚜렷한 발전상을 보이지 않습니다."

왜 그럴까? 이유는 많고 다양하겠지만, 부적절한 교육, 그중에서도 비교적 부실한 언어 능력이 한 가지 원인일 것이다. 부패 의혹과 투명성 결여 같은 문제를 안고 있고, 늘 세제 변경과 법적 변화에 시달리는 전반적인 사업 환경도 빼놓을 수 없다. 비평가들에 의하면 세제 변경과 법적 변화는 정치권의 비호를 받는 기업들에게 유리한 방향으로 진행될 때가 있다.

문제의 또 다른 온상은 법원이다. 재판은 최종 판결까지 몇 년이 걸릴 수 있고, 정치권과 밀착된 사람이나 기관과 법적으로 다툴 때는 각오를 단단히 해야 한다.

경제협력개발기구의 2016년 5월 보고서는 헝가리를 이렇게 평가했다. "규제 체계의 잦은 변화로 투자 동기가 약화된다. … 경쟁 정책의 적용 대상을 둘러싼 면제 조치로 인해 경쟁 체계의 효과가 감소된다."

요컨대 연고주의와 부정부패에서 벗어나지 못하는 정부의 행태로 인해 국내 기업의 성장과 발전을 독려하려는 정책의 취지가 무색해지고 있다.

사업 환경

헝가리에서 4대 전문 서비스 회사 중 하나로 꼽히는 어느 기업의 사장은 이렇게 털어놓는다. "헝가리에서 수백 번 겪은 일입니다. 상대방이 양손을 위로 올리면서 '이것은 안 됩니다!'라고 말하면, 저는 '좋습니다. 알겠습니다. 그렇다면 혹시 키시 커푸는 없겠습니까?'라고 묻죠. '키시 커푸'는 직역하면 '작은 문'이라는 뜻인데, 일종의 우회로를 가리킵니다. 그러면 상대방은 미소를 지으며 우회로를 가르쳐줍니다. 어디서나 똑같습니다. 헝가리인처럼 생각해야 합니다. 기존의 사고방식에서 벗어나야 합니다."

이 고백에는 헝가리와 헝가리의 사업 환경을 둘러싼 의미심장한 정보가 담겨있다. 물론 이 사장은 부당하거나 불법적인 방법이 아니라 원만한 해법을 모색했다. 그 해법은 이방인의 눈에 쉽게 눈에 띄지 않을 법한 것이었다. 그런 사고방식은 공산체제 시절의 헝가리에서 생존하는 데 필수적인 무기였고, 이후 많은 변화가 있었지만, 여전히 남아있다. 사실 법률이 성급하게 마련되고 급격히 바뀌는 점을 감안할 때 그런 사고방식이 필요할 때도 있다.

한 가지 사례로, 합법적이지만 과세 대상이 아닌 회색경제를 들 수 있다. 웨이터, 미용사, 의료인 등이 받는 팁에 최소한의 세금을 부과하기 위한 길고 치열한 노력이 있었다. 그리고 배우자와 함께 소규모 업체를 차려 최저임금만 손에 쥐는 자영업자들이 많다.

오르반 정부는 이 문제와 관련해 전향적인 움직임을 보였다. 즉 매출 누락을 막기 위해 모든 소매점을 세무 당국과 온라인 시스템으로 연결시키도록 했다. 아울러 개인소득세에 16%의 일률 과세를 적용했고, 결과적으로 소득을 적게 신고하려는 동기가 다소 줄어들었다. 하지만 비평가들은 오르반 정부의 이 같은 정책이 사회보장연금 지급액이 포함되는 총임금비용 문제를 해결할 수 없다고 지적한다. 게다가 일률 과세는 임금을 많이 받는 사람들에게 가장 유리한 반면 세수 감소를 보충하고자 부가가치세율을 27%로 올린 조치는 임금을 적게 받는 사람들에게 불리하게 작용한다.

　물론 일반적으로 정부의 행위가 항상 합리적이거나 정당하지는 않다. 비난은 쉽게 할 수 있지만, 비난의 타당성을 실제로 입증하기는 힘들다. 사실 2015년 국제투명성기구에서 발표한 부패인식지수CPI에 따르면 헝가리는 51점을 받았다. 2014년의 점수는 54점이었다(부패인식지수에서 0점은 부패의 정도가 심하다는 뜻이고, 100점은 매우 청렴하다는 뜻이다). 헝가리의 부패인식지수 순위는 사우디아라비아 바로 밑이었지만, 쿠웨이트보다는 조금 위였다.

사업적 관계

일부 헝가리 사업가는 아직 동료, 상사, 고객, 공급업자 등과의 개인적 인간관계를 중시한다. 이것은 역사적으로 헝가리의 공산체제와 깊은 관계가 있다. 공산체제에서 그대로 유지된 것은 인간관계밖에 없다.

　헝가리인의 이런 사고방식을 고려한 외국인 사업가는 일단 거래처 사람 단 한 명과 관계를 트려고 할 것이다. 나머지 일은 그 사람이 처리할 것이다. 하지만 그 한 명이 자리를 비우면 아무도 빈자리를 채워주지 않을 것이다. 그 사람이 돌아올 때까지 외국인 사업가의 서류는 그대로 쌓여있을 것이다. 급한 서류일 경우 낭패를 볼 것이다.

다행히 현대적 사고방식이 통용되는 외국계 기업에서는 이런 태도가 서서히 자취를 감추고 있지만, 2015년의 조사 결과에 따르면 아직 변화의 속도는 느리다. 헝가리인 응답자의 68%가 "동료나 고객과 유대관계를 맺는 것이 중요하다"라는 의견에 동의하거나 크게 공감했다. 2009년에 실시된 비슷한 조사에서는 이 이견에 대한 동의 비율이 73%였다.

흥미롭게도 유럽 각국에 거주하는 내국인 관리자와 외국인 관리자는 대체로 여성 관리자를 높이 평가했지만, 유독 헝가리인 관리자는 예외였다. 2009년 조사를 공동으로 후원한 타깃국제경영진조사의 최고책임자인 클레멘스 베르조니크는 이렇게 말한다. "2009년 조사에서 드러났듯이 헝가리는 이 부분에서 가장 적대적인 나라입니다."

서열

2009년 조사 결과 헝가리 기업은 일반적으로 서열 중심적이다. 헝가리인 응답자의 64%가 "조직 내부의 서열은 비공식적인 성격을 띤다"는 의견에 동의하지 않았다.

전형적인 헝가리 기업에서는 의사결정을 내리기까지 시간이 걸린다. 여러분이 헝가리 기업의 담당자와 어떤 사안을 합의해도 갑자기 윗사람에 의해 결정이 뒤집힐 수 있다. 헝가리인을 상대로 협상할 경우 여러분과 대화를 나누는 사람은 결정권자가 아니라 영어 실력이 가장 뛰어난 사람일 수 있다. 그러므로 결정권자가 누구인지 파악하는 것, 그리고 영어 실력자 대신에 결정권자에게 말을 걸어 존경의 뜻을 표시하는 것이 중요하다.

헝가리인과 회의실에서 만나 모든 사안을 논의했을 경우 합의에 도달한 것처럼 보이지만, 정작 그 자리에 협상을 매듭지을 자격을 갖춘 사람이 없는 경우가 많다. 따라서 회의 전에 미리 상대방에 대한 정보를 파악해두는 자세가 무척 중요하다. 우선 업무용 명함에 적힌 직무 내용을 검토하기 바란다. 그리고 예를 들어 회의실 앞에서 기다리는 동안 이전에 접촉했던 관계자나 비서진에 대한 질문을 던지는 방법도 있다. 그것은 기밀이 아니다.

바람직한 예의

누군가의 사무실을 방문했을 때는 사무실 안에 있는 모든 사람과 악수를 나누고, 자기소개를 한다. 자리에는 상대방의 권유가 있을 때만 앉는다. 몸짓언어는 자제하는 편이 좋다. 건물이나 사무실, 사무실 내부의 가구와 비품, 사무실이 자리 잡고 있는 도시와 구역, 경치 등을 소재로 상대방을 칭찬하기 바란다. 다과를 내놓으면 사양하지 않는 것이 좋다. 함께 다과를 즐기는 시간은 긴장을 푸는 기회이자 헝가리인이 무척 소중히 여기는 개인적 인간관계를 맺는 기회이다. 회의가 도중에 방해를 받아도 조바심을 드러내지 말아야 한다. 헝가리 기업의 임원들은 몇 가지 일을 한꺼번에 처리하기 마련이다.

회사에는 고위직 여성이 드물 것이다. 기업을 방문한 외국 여성은 헝가리 남성들이 베푸는 호의를 촌스럽게 여길지 모른다. 하지만 예의 바르고 공손하게 받아들이는 편이 좋다.

헝가리인은 외국인의 허물없는 태도를 모욕으로 느낄 수 있다. 여러분이 충분히 공손한 태도를 보이지 않으면 헝가리인은 여러분이 자신을 얕잡아본다고 오해할 여지가 있다. 여러분의 사무실을 방문한 헝가리인 손님을 맞이할 때는 자리에서 일어나기 바란다. 마침 책상에서 통화 중이라면 양해를 구한다. 손님에게 편안한 자리를 권하고, 책상을 떠나 손님 쪽으로 와서 앉는다. 환영의 의미로 커피나 탄산수를 권한다.

헝가리인은 자신이 싫어하는 사람과 거래하기를 무척 꺼린다. 상냥하고 호의적인 접근법이 무척 중요하다. 상대방에게 신뢰를 심어주기 때문이다. 공산주의의 몰락 이후 헝가리로 건너온 서구세계 여러 사업 상담역이 깨달았듯이 생색을 내거나 시혜를 베푸는 듯한 태도도 전혀 통하지 않는다. 거래를 원한다면 유쾌하고 정중한 자세를 유지하고, 초조함을 감추기 바란다.

무성의한 서비스

예스러운 호의와 정중한 태도가 중요한 사무실과는 달리 예를 들어 일반 상점 같은 곳에서는 손님을 퉁명스럽게 대하는 경우가 많다. 그런 무성의한 서비스에는 부실한 직원 교육, 저임금, 열악한 처우, 그리고 거래 관행을 둘러싼 지나치게 단순한 선입견("사든지 말든지 마음대로 하세요") 등이 반영되어있다.

헝가리의 여러 중소기업에서 찾아볼 수 없는 중요한 상업적 개념은 재주문이다. 가령 소비자가 자동차나 보험증권이나 임대 아파트를 재구입해야 할 때까지 관련 기업들은 손을 놓고 있다. 그 기업들은 자본이 부족하기 때문에 눈앞의 매출에 급급하다.

만약 결함이 있는 상품을 구입하게 되면 어떤 일이 벌어질까? 상품을 구입한 증거를 갖고 있으면 별다른 문제가 없을 것이다. 많은 헝가리인은 분쟁 조정을 즐기는 듯싶다. 진짜 문제는, 이를 테면 자본이 부족한 회사가 새 아파트에 대해 10년간의 애프터서비스를 제공하기 시작할 때 나타난다.

발표와 협상

헝가리에는 "짧게 몇 마디만 하겠습니다"라고 연설을 시작한 뒤 20분 동안 장광설을 늘어놓는 사람을 흔히 볼 수 있다. 그리고 통역을 두고 발표를 하는 경우, 발표자는 평균적인 수준의 통역사가 프로젝트 파이낸스 기법을 통한 가스 운송이나 농업용 비료 같은 주제의 전문어를 다룰 때 겪는 어려움을 알지 못한다. 그렇다면 잘못된 연설 방식의 최고봉은 무엇일까? 대본을 그대로 읽는 것이다. 이것은 집중도가 높은 청중의 저항선을 시험하는 확실한 방법이기도 하다(파워포인트의 화면 내용을 그대로 읽는 것도 최악의 연설 방식으로 꼽힌다). 사실, 헝가리에서 변화의 바람에 가장 둔감한 분야가 있다면 바로 발표이다. 재미있고 효과적인 발표를 찾아보기 힘들다. 물론 주로 30세 이하의 젊은이들은 예외이지만, 서구세계 출신의 방문객은 이 문제에 주목함으로써 헝가리인 발표자들과는 다른 모습을 보여줘야 한다.

영어를 할 줄 아는 헝가리인을 대상으로 여러분이 영어로 발표를 할 때는, 그들이 모국어가 아닌 외국어를 듣고 이해하고 평가하는 데 시간이 더 걸리는 점을 명심하기 바란다. 통역사를 두고 발표를 할 때는 부정확한 표현을 삼가고 올바른 의미를 신중하게 전달하려는 통역사의 노력을 높이 평가한다는 느낌을 줘야 한다.

되도록 여유를 갖고 청중과 눈을 마주치기 바란다. 여러 사람 앞에서 발표할 때는 마이크를 쓰는 편이 좋다. 크리켓이나 야구나 미식축구 따위를 언급하지는 말아야 한다. 그 세 가지는 중앙유럽에서 거의 알려지지 않은 스포츠 종목이다. 발표 내용과 청중의 성향을 잘 아는 헝가리인 관계자와 미리 상의하지 않은 이상 농담은 하지 않는 편이 가장 좋다.

반면 발표 내용과 관계있고 재미있는 일화, 이를테면 헝가리를 방문했을 때 여러분이 저지른 실수담은 들려줘도 괜찮다.

헝가리인 청중의 반응은 대체로 소극적이다. 여러분의 발표 내용을 제대로 이해하지 못하면 특히 더 그럴 것이다. 그들은 영어로 말하기를 부끄러워하고, 영어를 쓰다가 실수를 저지를까 봐 걱정한다. "무슨 말인지 아시겠습니까?"라고 묻는 것은 시간낭비일 가능성이 높다. "모르겠습니다"라고 용감하게 대답하는 청중은 극히 드물 것이다. 청중이 발표 내용을 이해하도록 하는 것은 발표자의 임무이다.

요점을 전달할 수 있는 다양한 방법을 미리 마련하기 바란다. 몇 가지 사례를 준비해도 좋다. 첫 번째 방법에 대한 청중의 반응이 좋으면 굳이 두 번째 방법을 쓸 필요는 없다.

상품을 홍보할 때는 분명하고 적극적인 자세가 중요하지만, 과장은 금물이다. 설령 세계 최고의 상품이라고 해도 믿을 만한 증거를 제시해야 한다. 미국이나 서유럽이 '뒤떨어진' 중앙 유럽에 온갖 해답을 줄 수 있다는 식의 인상을 풍기지 않도록 유의하기 바란다. 헝가리인은 자국의 기술력과 혁신을 매우 자랑스럽게 여기기 때문에 겉으로는 말하지 않아도 모욕감을 느낄 수 있다.

협상을 진행할 때는 즉석에서 한두 가지 양보를 하거나 상대방의 어려움을 이해해주는 태도가 바람직하지만, 적정선을 넘을 때는 단호하면서도 공손하게 거부 의사를 밝히는 것이 좋다. 질 좋은 상품에 대한 대가를 지불하지 않으려고 하면서 싼값만 고집하면 곤란하다.

계약

헝가리는 기본적으로 영미법이 아니라 대륙법을 따른다(하지만 금융과 부동산 같은 일부 사업 분야에서는 영미식 관습과 규범이 뿌리 깊게 자리 잡고 있다). 전통적으로 헝가리의 판매자와 도급업자와 공급업자는 마감기한에 무관심한 편이다. 그들은 위약 조항을 거듭되는 재협상의 대상인 것처럼 치부할 때가 많다. 요컨대 다음과 같이 말하는 셈이다. "계약 후 몇 주 동안은 위약 조항을 잊읍시다. 그러면 알아서 해결해주겠습니다. 군이 다른 업자를 찾을 필요 없어요."

문제의 핵심은 계약관계에 있다. 첫째, 헝가리에서 구두계약은 전혀 보증이 될 수 없다. 기껏해야 "좋은 생각입니다. 앞으로 어떻게 될지 지켜보죠"라는 수준의 의미일 뿐이다. 헝가리에서 계약은, 조건을 협상하고 정식 문서로 작성하고 입회인(공증인이 가장 이상적이다) 앞에서 서명하고 날인해야 진정한 계약이 될 수 있다. 그렇게까지 하고도 한쪽 당사자가 불리하다거나 불편하다는 이유를 내세우며 계약을 무시할 수도 있다.

결국 사업의 성공 여부는 구체적 계약 차원을 뛰어넘는 고려사항(정직성, 신뢰, 평판, 향후의 거래 가능성)에 달려있다. 비교적 잘 운영되고 사고방식이 현대적인 회사에서는 변화의 분위기를 찾아볼 수 있지만, 헝가리에서의 사업은 근시안적 태도(법에 호소해 사소한 요구를 관철하려다 보면 비용과 시간만 낭비된다는 사실에 냉소적으로 공감하는 태도)가 걸림돌로 작용할 때가 너무 많다.

연줄과 창의성

사업 여건을 둘러싼 고질적 약점에 맞서 헝가리인이 구축한 방어선은 두 가지이다. 하나는 연고주의이다. 세계 각국에는 다양한 성격의 연고주의가 있겠지만, 헝가리에서의 연고주의는 명백한 사업적 감각이다. 헝가리에 거주하는 외국인은 현지인과 달리 최적의 연줄인 친척과 동창생이 적거나 아예 없겠지만, 친구를 사업에 보탬이 되는 연줄로 삼을 수는 있다. 외국인이 헝가리인 친구를 연줄로 활용하는 이 같은 추세는 최근 몇 년 동안 정치적 지지를 매개로 점점 두드러지고 있다.

이런 비판의 목소리와 앞서 소개한 경영진 대상의 조사 결과, 그리고 헝가리 경제계와 직간접적인 관계를 맺고 있는 여러 사람의 증언을 종합해볼 때, 확실히 헝가리 경제계에는 아직 '구시대적' 사고방식이 많이 남아있다.

그런 사고방식에 매몰된 사람들은 좀처럼 책임을 지지 않으려고 한다. 그들은 팀워크를 중시하거나 동료와 정보를 공유하지 않는다. 그리고 아마 가장 흔히 언급되는 약점이겠지만, 전문직업인 차원의 조언이나 제안을 개인적 비난으로 받아들인다.

• 내부의 외부자들, 비판의 목소리를 내다 •

"헝가리인은 무척 보수적이고, 이견을 좀처럼 받아들이지 않을 수 있어요. 그리고 전문직업인으로서의 견해를 너무 개인적인 차원에서 받아들일 때가 많아요." -접객업계에 몸담고 있는 24세의 전문직 여성

"문제 해결을 꺼리는 경향이 있습니다. 아무리 사소한 쟁점도 무슨 심각한 문제인 양 호들갑을 떱니다. 변화하지 않아도 될 법한 가능성이 보이기만 하면 그 틈을 놓치지 않을 겁니다." -남성 컨설턴트, MBA 학위 소지자

"고객 중심적 사고가 부족하다고요? 아마 모든 관리자가 날마다 이 문제를 느낄 겁니다. 가령 IT 기기에 문제가 생겨 부품업체 관계자들을 불렀다고 칩시다. 그들의 반응은 한결같습니다. 언제나 사용자 탓으로 돌리죠. 늘 사용자가 잘못해서 고장이 났다는 식으로 말입니다." -헝가리에서 25년간 경력을 쌓은 남성 헤드헌터

그래도 헝가리는 1980년대에 세계적으로 유행한 큐브의 발명자인 루비크 에르뇌의 조국이다. 그리고 그래피소프트, 프레지, 유스트림을 비롯한 여러 기업의 성공 사례에서 알 수 있듯

이 환경에 적응하고 혁신적인 팀을 결성해 효과적으로 운영하면서 스티브 잡스 같은 열정으로 도전하는 헝가리인들이 있다.

헝가리인이 IT와 '멋진 첨단산업' 분야에서만 활약하는 것은 아니다. 렌체시 게르괴는 부다페스트에서 동쪽으로 몇 킬로미터 떨어진 곳에 위치한 제너럴 일렉트릭GE 소유의 공장의 관리자이다. 1억 3,000만 달러가 투자된 그 생산시설에서는 2001년부터 대형 터빈 부품을 생산해 전 세계로 수출해왔고, 현재 약 1,500명의 직원이 일하고 있다.

렌체시 게르괴는 다음과 같이 말했다. "우리는 세계적 수준의 제조업체이고, 단순히 제품을 조립해 출하하지는 않습니다. 꾸준히 생산성을 향상시키는 중입니다. 베네수엘라까지 수출할 수 있고, 여전히 경쟁력을 갖추고 있습니다."

• 헝가리의 첨단기업 성공기 •

헝가리인은 스스로의 창의력에 자부심을 품고 있다. 술집에서 나누는 대화에서도, 기업의 홍보자료에서도 혁신적 발상에 따른 업적이 강조된다. 헝가리의 과학자, 공학자, 의학 연구원은 지금까지 여러 가지 진보적·독창적 결과물을 내놓았고, 최근 몇 년 동안에도 계속 혁신의 깃발을 붙들고 있다.

특히 헝가리인은 수학과 컴퓨터공학 분야의 전문지식을 활용해 IT 분야에서 빛나는 성공을 거뒀다. 물리학자인 보야르 가보르는 이 같은 흐름의 선구자 중 한 사람이다. 그는 1980년대 초반부터 헝가리의 퍽시 원자력 발전소의 냉각장치를 설계하기 위해 탁상용 계산기로 컴퓨터 프로그램을 짰다. 이후 보야르 가보르는 그 소프트웨어를 바탕으로 오늘날 세계에서 가장 인기 있는 3차원 건축설계 시스템 가운데 하나인 아카캐드를 개발했다.

신생 벤처기업 중에서 가장 유명한 것은 아마 파워포인트에 맞서는 웹 기반 소프트웨어를 선보인 프레지일 것이다. 2009년에 세 명의 헝가리인이 창립한 프레지는 2016년 중반까지 세계적으로 7,500만 명의 사용자를 확보했다(세 명 중 두 명은 스웨덴계 헝가리인이다).

중앙유럽과 동유럽 곳곳에 투자하고 있는 체코의 벤처투자자인 온드레이 바르토스는 이렇게 말한다. "헝가리인은 1인당 올림픽 메달 수가 많은 것처럼 IT 분야에서도 대성공을 거두고 있습니다."

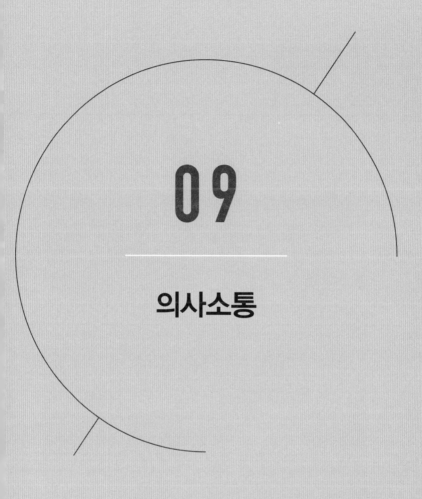

09

의사소통

부실한 취재, 받아쓰기식의 보도, 의견을 뒤섞어놓은 사실, 독립 언론을 지향하는 척하며 내보내는 기사 형태의 광고에 비춰볼 때, 헝가리의 언론계는 수준이 의심스러울 때가 많다. 다른 나라에서도 그렇겠지만, 헝가리 언론계의 이 같은 현실은 인터넷 출현에 따른 비용과 시간 측면의 압력이 일정 부분 작용한 결과이다.

헝가리어

헝가리어는 핀우그리아어파에 속한다. 세계적으로 약 1,450만 명이 헝가리어를 모국어로 쓰고, 그중에서 약 1,000만 명이 헝가리에 거주한다. 헝가리 주변국들의 언어는 슬라브어파(슬로바키아어, 우크라이나어, 세르비아어, 크로아티아어, 슬로베니아어), 게르만어파(독일어), 로망스어군(루마니아어) 등에 속한다. 따라서 몇몇 어휘에 공통점이 있을 뿐 헝가리어와의 구조적 유사성이 거의 없다.

헝가리어 어휘에는 몇 가지 기원이 있다. 헝가리에는 핀우그리아어 어근 성분이 700여 개에 불과하지만, 헝가리어 어휘의 60%와 헝가리어 문학 작품에 등장하는 어휘의 평균 80%가 핀우그리아어에서 비롯되었다.

선사시대의 헝가리어는 튀르크어와 이란어의 영향을 크게 받았다. 헝가리인이 카르파티아 분지에 정착한 9세기 후반부터는 라

턴어, 오스만튀르크어, 그리스어, 슬라브어 등의 단어와 표현이 헝가리어에 많이 유입되었다. 헝가리어에 침투한 외래어는 일반적인 헝가리인의 짐작보다 훨씬 많다. 예를 들어 요일명 중 4개(세르더: 수요일, 취퇴르퇴크: 목요일, 펜테크: 금요일, 솜버트: 토요일)는 슬라브어에서 비롯되었다(솜버트는 원래 히브리어에서 나온 단어이다). 헤트(일주일)는 옛 이란어에서 유래한 단어이다.

비교적 가까운 과거에는 프랑스어와 영어 단어도 헝가리어에 많이 침투했다.

헝가리어에서 나온 대표적인 영어 단어는 biro('볼펜'이라는 뜻으로, 헝가리 태생의 발명가인 비로 라슬로의 이름에서 유래한 단어)와 coach(네 마리의 말이 끄는 마차가 탄생한 헝가리의 소도시 코치에서 유래한 단어)이다. 헝가리의 전통 수프를 가리키는 영어 goulash는 '목동'이라는 뜻의 헝가리어 구야시gulyás에서 나온 말이다. hussar(슬라브어계 헝가리어인 huszár에서 유래한 단어), paprika('고추'라는 뜻의 헝가리어), itsy-bitsy(헝가리어인 ici-pici에서 유래한 단어)도 헝가리어에서 비롯된 영어 단어이다(하지만 itsy-bitsy의 어원에 대해서는 학계의 의견이 분분하다).

【 발음 】

처음에는 불가능할 것 같지만, 대부분의 영어 사용자들은 헝가리어 발음을 알아들을 수 있다. 약간의 노력이 필요할 뿐이다. 헝가리어 발음에는 세 가지 기본 요점이 있다.

주 강세는 항상 첫 음절에 있다.

단모음(a, e, i, o, u)과 장모음(á, é, í, ó, ú)이 구분된다. ö, ő, ü, ű 같은 변형 모음도 있다.

장자음과 단자음도 분명하게 구별된다. 예를 들어 tt와 nn은 [t:]와 [n:]처럼 길게 발음한다.

다음은 발음에 어려움이 따르는 헝가리어 자음과 모음이다. 나머지 자음과 모음은 영어와 비슷한 방식으로 발음하면 된다.

헝가리어 자음과 모음	해당 영어 자음과 모음	
a	o	pot*
á	a	father
c	ts	pots
cs	ch	chop

dzs	j	jet
e	e	pet
é	ai	paid
g	g	got
gy	d	during
i	i	pit
í	ee	meet
j	y	yet
ly	y	yet
ny	n	new*
o	o	입을 둥글게 오므려 발음
ó	aw, oo	paw*, too
ö	a	about
ő	u	purple*
r	r	thrilled
s	sh	shot
sz	s	spot
ty	t	tune*
u	u	put

ú	oo	boot
ü	ü	독일어 ü와 동일한 단모음
ű	ü	독일어 ü와 동일한 장모음
zs	s	pleasure

*표시는 영국식 영어 발음과 더 비슷하다는 뜻이다.

언론매체

【 신문 】

지난 20년 동안 헝가리의 신문 구독자 수는 크게 줄어들었다. 인터넷 보급률의 향상, 텔레비전 뉴스에 대한 의존도 증가, 정기간행물의 품질 저하로 인한 광고의 급격한 감소라는 세 가지 요인이 맞물린 결과로 볼 수 있다. 국영 기업은 흔히 친정부 성향의 언론매체에 광고를 몰아준다.

2016년에 헝가리 독립 일간지의 선두주자인 〈넵서버드샤그〉의 폐간으로 언론시장이 타격을 입었지만, 아직 〈머저르 넴제트〉, 〈넵서버〉, 〈머저르 히를러프〉, 〈머저르 이되크〉 같은 유수의 전국 일간지들이 남아있다. 친정부 정기간행물인 〈머저르

이되크〉는 언론계의 거물이자 측근이었던 시미치커 러요시와 오르반 총리의 사이가 틀어진 뒤 2014년에 창간되었다. 결국 그때까지 정부에 굽실대던 〈머저르 넴제트〉는 두 사람이 불화를 겪게 되자 반정부 성향으로 돌아섰다. 2015년 〈머저르 넴제트〉의 발행 부수는 2010년의 절반에도 미치지 못하는 수준인 22,600부로 곤두박질쳤다.

헝가리에는 3개의 대중 연예신문(그중 1개는 무료 신문)과 2개의 전문 일간지가 있지만, 부다페스트 이외의 19개 주에서는 지역 일간지를 구독하는 경우가 더 많다.

〈헤티 빌라거즈더샤그〉(〈이코노미스트〉 스타일을 모방해 창간한 잡지), 〈168 오러〉, 〈머저르 너런치〉, 〈피젤뢰〉 같은 평판이 좋은 주간지가 여럿 있다. 다만 〈피젤뢰〉는 2016년 후반에 친정부 성향의 소유주에게 인수되었다. 〈BBJ〉(격주간지로. 이전의 제호는 〈부다페스트 비즈니스 저널〉이었다)와 〈더 부다페스트 타임스〉(주간지)는 영어 정기간행물이고, 〈부다페스터 차이퉁〉은 〈더 부다페스트 타임스〉의 독일어판이다.

모든 정기간행물에는 해당 웹사이트가 있다. index.hu를 필두로 하는 인터넷 뉴스 사이트도 많다. 444.hu와 direkt36. hu는 탐사보도 사이트이다. 하지만 부실한 취재, 받아쓰기식의 보도, 의견을 뒤섞어놓은 사실, 독립 언론을 지향하는 척하며 내보내는 기사 형태의 광고에 비춰볼 때, 헝가리의 언론계는 수준이 의심스러울 때가 많다. 다른 나라에서도 그렇겠지만, 헝가리 언론계의 이 같은 현실은 인터넷 출현에 따른 비용과 시간 측면의 압력이 일정 부분 작용한 결과이다.

하지만 헝가리의 여러 독립 언론은 정부가 국영 통신사인 MTI가 보도하는 뉴스를 무료로 이용할 수 있도록 결정함에 따라 더 심각한 타격을 입었다. 그 결정으로 독립 언론인의 입지가 한층 약화되었다.

【 텔레비전과 라디오 】

2011년에 정부가 유도한 대대적인 정리 작업으로 헝가리의 전자매체는 국영 방송에 장악되었고, 지주회사인 두너미디어 서비스가 모든 전자매체를 통제하게 되었다.

M1(24시간 뉴스), M2(어린이용 프로그램), M3(복고풍의 프로그램), M4(스포츠), M5(교육), 두너 TV, 두너 월드 등 전국 단위의 국영 텔레비전 채널이 7개 있다. 그리고 2016년 후반에는 신규 채널인 M6가 출범할 예정이다. M1에서는 저녁 시간에 영어 뉴스 프로그램이 방송된다.

전국 단위의 양대 민영 방송사는 RTL 클루브와 TV2이다. RTL 그룹 소유의 방송사인 RTL 클루브는 1997년부터 헝가리에서 영업하고 있다. RTL 클루브는 7개의 케이블 채널을 보유하고 있다.

한때 독자적인 노선을 고수했던 TV2는 소유주가 바뀌면서 이제 오르반 정부를 지지하는 모습을 보이고 있다. TV2 그룹은 앞으로 총 9개의 채널을 보유할 계획이다.

독립 뉴스 채널로는 ATV와 히르 TV를 들 수 있다. 히르 TV는 오르반과 시미치커 러요시가 불화를 겪은 뒤 2015년부터 정부를 비판하기 시작했다.

케이블 TV 서비스는 쉽게 이용할 수 있다. 흔히 영어, 프랑스어, 스페인어, 중국어, 이탈리아어, 러시아어, 독일어 방송 대상의 선택제 패키지 상품이 제공된다. 양대 케이블 TV 사업체는 UPC 헝가리와 T-홈이다. 케이블 TV의 패키지 상품에는 인터넷과 유선전화도 포함된다.

전국 단위의 공영 라디오 방송사와 민영 라디오 방송사(대부분 친정부 성향의 소유주가 운영한다)는 각각 7개와 6개 있다. 민영 지방 라디오 방송사는 수십 개 있다.

전화와 인터넷

헝가리 최대의 전화 사업체는 약 75%의 시장점유율을 자랑하는 독일 자본 소유의 머저르 텔레콤이다. 머저르 텔레콤은 시장점유율이 50%에 육박하는 인터넷 및 휴대전화 사업체이기도 하다. 이동통신 분야에서 머저르 텔레콤과 경쟁하는 회사로는 노르웨이의 텔레노르, 영국의 보더폰, UPC 등이 있다. 루마니아의 디지도 곧 경쟁에 뛰어들 예정이다.

휴대전화 보급률은 포화점에 이르렀다. 헝가리인 1명당 1.2

대의 휴대폰을 갖고 있다. 현재 전국에서 900/1,800메가헤르츠 주파수의 GSM 방식 이동통신 서비스를 이용할 수 있고, 3G망과 4G(LTE)망은 97% 정도 구축되었다. 서비스 품질은 뛰어나다.

모든 이동통신 사업체들은 텔레비전과 인터넷의 결합 상품 패키지 같은 각양각색의 요금제를 내놓는다. 서비스 관련 정보는 헝가리어뿐 아니라 영어로도 제공된다.

이동통신 회사들은 여러 주파수를 쓴다. 특히 4G망 서비스는 주파수가 정말 다양하다. 따라서 외국인 사용자들은 현재의 단말기가 적합한지 미리 해당 업체에 확인해야 한다.

우편 서비스

우체국은 보통 오전 8시나 9시에 문을 열지만, 영업시간은 다양하다. 어떤 우체국은 정오부터 오후 2시까지가 점심시간이다. 또 어떤 우체국은 오후 4시에 문을 닫지만, 오후 7시까지 영업하는 우체국도 있다. 거의 모든 우체국이 주말에는 쉰다. 우표와 엽서는 담배 가게나 신문 가판대에서도 살 수 있다. 우체국

앞과 길거리에는 우편함이 있다. 하지만 헝가리인은 편지를 보낼 때 우편함보다 우체국 안의 접수대를 더 많이 이용한다.

우체국은 편지 및 신문 배달 업무를 독점한다. 신문은 대체로 제때에 배달되지만, 편지는 불규칙적으로 배달되고, 간혹 배달 여부를 전혀 종잡을 수 없다. 예를 들어 헝가리에 거주하는 외국인은 우편물을 '분실'하기도 한다. 되도록 자택 주소 대신에 회사 주소를 쓰기 바란다. 그리고 택배 서비스도 이용할 수 있다.

【 우편번호 】

헝가리의 모든 주소에는 네 자릿수의 우편번호가 있다. 첫째 자리는 9개의 주요 우편 구역 중 하나를 가리킨다. 가령 부다페스트의 주소는 1로 시작한다. 일부 외국에서도 네 자릿수의 우편번호를 쓴다. 그러므로 우편번호 앞에 헝가리를 나타내는 접두사 H를 붙여주면 혼동을 피할 수 있다(예를 들면, H-1028). 여러 면에서 볼 때 우편번호는 주소의 가장 중요한 부분이다. 이름과 우편번호만 적은 편지가 제대로 배달될 때도 자주 있을 것이다.

결론

많은 외국인이 헝가리를 좋아하는 이유는 무엇일까? 우선 헝가리인 때문이다. 헝가리인은 쾌활하고 재미있으며 창의적이고 친절하다. 이런 특성은 남녀노소를 불문하고 금세 서로의 벽을 허무는 효과를 발휘한다. 헝가리인에게는 조국과 조국의 빛나는 자산에 대한 애착이 있다. 이방인도 감동하는 헝가리인의 그런 마음가짐은 함양할 만한 것이기도 하다. 헝가리인이 쓴 책은 읽을 만하고, 헝가리인이 그린 그림은 볼 만하며, 헝가리인이 만든 음악은 들을 만하다.

기후는 1년 가운데 9개월이 쾌적하다. 각종 문화행사와 스포츠를 즐기고 야외 활동에 나설 기회도 많다. 헝가리에서는 포도주 마시기와 식사 같은 가장 소중한 몇 가지 행복을 저렴한 가격에 누릴 수 있다. 부실한 기반 시설과 서비스, 뚜렷한 사회적 박탈감, 느리게 작동하는 관료제 같은 결점이 걸림돌이기는 하지만 심각한 문제는 아니다.

헝가리에 머물며 보람을 느낄 수 있는 비결은 친구를 사귀는 것이다. 친교는 헝가리 사회의 핵심적 특징이기 때문이다. 이 책의 목적은 여러분이 헝가리인 친구를 사귀는 데 보탬이 되는 것이다. 헝가리인 친구를 사귀기는 어렵지 않다. 헝가리, 그리고 헝가리인과의 만남은 결코 잊을 수 없고 좀처럼 후회하지 않을 경험일 것이다.

참고문헌

Culture Smart! quizzed half a dozen people associated with both Hungary and international circles for their "best book" recommendation giving insight into the country and people—and this is what they suggested:

Relations, by Zsigmond Móricz. Budapest: Corvina Books, 1997.

Recommended by Péter Ákos Bod, professor of economics, Corvinus University, former governor of the National Bank of Hungary. Bod's reasons: "This is about the 1920s, Hungary, corruption and nepotism. But if you want to understand the present, it may be useful to read this wonderful piece of high literature."

Between the Woods and the Water, by Patrick Leigh Fermor. London: Penguin, 1988.

The choice of Col. Tim Manning, USAF, Chief, Office of Defense Cooperation, US Embassy Budapest, who says: "This is a true tale of adventure, romance, a vivid description of interbellum Hungary and deep insight to the history of the Magyars in the Carpathian basin."

My Happy Days in Hell, by György Faludy. London: Penguin Classics, 2010.

Selected by Rev. Frank Hegedus. "Even the title tells neatly of the contradictions of the Hungarian heart and spirit—joy in adversity, pluck in the face of tyranny. Faludy's improbable adventures abroad lead him back inevitably to the interior sojourn of prison life in his communist homeland," argues Frank, originally from the US Midwest, now chaplain of St. Margaret's Anglican Church, Budapest.

Under the Frog, by Tibor Fischer. New York: The New Press/ London: Polygon/Vintage, 1992.

Recommended by Dan Swartz, environmental activist and Marketing Assistant, Aggtelek National Park (Northeast Hungary). "A novel about a Hungarian basketball team traveling naked in a private train coach from game to game across Hungary during the 1956 Revolution," says Swartz, a native of Maine, USA, and long-time Hungary resident.

The Xenophobe's Guide to the Hungarians, Mátyás Sárközi & Miklós Vámos. London: Xenophobe's Guides, 1998.

Recommended by Priit Pallum, former ambassador of Estonia to Budapest: "This is the shortest book, reading-wise, to understanding the nation."

Zsuzsanna Szelényi, MP of the centrist Together party, champions György Dragomán's *The White King*, translated by Paul Olchváry, and published by Houghton Mifflin, Boston, in 2008.

"This heartbreaking novel offers an insight of the life of a child in totalitarianism, which reveals the typical past of many Hungarians and helps you understand the Eastern European experience, which still influences our personal behavior."

추천 도서

Barber, Annabel, and Emma Roper-Evans. *Visible Cities. Budapest*. London/Budapest: Somerset Books, 2006.

Braham, Randolph. *The Politics of Genocide. The Holocaust in Hungary*. Detroit, MI: Wayne State UP, 2000.

Dent, Bob. *Budapest 1956, Locations of Drama*. Budapest: Európa Könyvkiadó, 2006.

Gáti, Charles. *Failed Illusions, Moscow, Washington, Budapest and the 1956 Hungarian Revolt*. Redwood City, CA: Stanford University Press, 2006.

Kertész, Imre. *Fatelessness*. New York/London: Vintage, 2004.
Nobel Prize novel.

Lendvai, Paul. *Hungary: Between Democracy and Authoritarianism*. London: Hurst and Co, 2012.

Mautner, Zófia. *Budapest Bites. Spicy & Sweet Hungarian Home Cooking*. Budapest: Libri, 2015.

Molnár, Miklós. *A Concise History of Hungary*. Cambridge: CUP, 2001.

Phillips, Adrian, and Jo Scotchmer. *Hungary*. Chalfont St. Peter, Bucks: Bradt, 2010.

Smyth, Robert. *Hungarian Wine: A Tasting Trip to the New Old World*. London: Blue Guides Limited, 2015.

Rounds, Carol, and Erika Solyom. *Colloquial Hungarian*. New York and Abingdon, OX: Routledge, 2011.

유용한 웹사이트

http://www.portfolio.hu/en/
http://www.hunglish.org/news/
http://budapestbeacon.com/
http://bbj.hu/site/
http://hungarytoday.hu/
http://www.politics.hu/

지은이

브라이언 맥린

영국의 번역가 겸 언론인으로, 일본과 오스트리아에서 머물다가 1977년에 헝가리에 정착했다. 『부다페스트에서 떠나는 여행 10선』을 저술했으며, 벌러 거브리엘러의 『헤렌드』, 코르너이 야노시의 『사회주의의 정치경제학』, 토트 엔드레와 셀레니 카로이의 『헝가리의 거룩한 왕관』 같은 학술도서 위주로 약 50권의 책을 번역했다.

케스터 에디

영국의 언론인으로, 주로 인쇄매체에 기고하지만, 가끔 방송매체를 통해 전파를 타기도 한다. 사진 기자로 유럽, 아시아, 남부 아프리카 등지를 누비다가 1986년에 부다페스트에 정착했다. 이후 부다페스트에서 《파이낸셜 타임스》, 《이코노미스트 인텔리전스 유닛》, 《비즈니스 뉴 유럽-인텔리뉴스》 등에 헝가리와 주변 지역에 관한 기사를 게재하고 있다.

옮긴이

박수철

고려대학교 서양사학과를 졸업하였으며, 현재 번역 에이전시 하니브릿지에서 출판기획 및 전문 번역가로 활동하고 있다. 옮긴 책으로는 『역사를 바꾼 위대한 장군들』, 『열정, 몰입, 혁신이 넘치는 신뢰 주식회사』, 『창조성, 신화를 다시 쓰다』, 『1434: 중국의 정화 대함대, 이탈리아 르네상스의 불을 지피다』, 『돈의 거의 모든 것: 돈의 복잡한 시스템을 한 권으로 이해한다』, 『하우스 스캔들: 은밀하고 달콤 살벌한 집의 역사』 등 다수가 있다.

세계 문화 여행 시리즈

세계의 풍습과 문화가 궁금한
이들을 위한 **필수 안내서**

세계 문화 여행_그리스 (개정판)

콘스타인 부르하이어 지음 | 임소연 옮김 | 260쪽

세계 문화 여행_네덜란드

세릴 버클랜드 지음 | 임소연 옮김 | 226쪽

세계 문화 여행_노르웨이

린다 마치, 마고 메이어 지음 | 이윤정 옮김 | 228쪽

세계 문화 여행_뉴질랜드 (개정판)

수 버틀러, 릴야나 오르톨야.베어드 지음 | 박수철 옮김 | 232쪽

세계 문화 여행_덴마크

마크 살몬 지음 | 허보미 옮김 | 206쪽

세계 문화 여행_독일

배리 토말린 지음 | 박수철 옮김 | 242쪽

세계 문화 여행_라오스

나다 마타스 런퀴스트 지음 | 오정민 옮김 | 236쪽

세계 문화 여행_러시아

안나 킹, 그레이스 커디히 지음 | 이현숙 옮김 | 266쪽

세계 문화 여행_멕시코 (개정판)

러셀 매딕스 지음 | 이정아 옮김 | 266쪽

세계 문화 여행_모로코

질리안 요크 지음 | 정혜영 옮김 | 218쪽

세계 문화 여행_몽골

앨런 샌더스 지음 | 김수진 옮김 | 268쪽

세계 문화 여행_미국

앨런 비치, 지나 티그 지음 | 이수진 옮김 | 276쪽

세계 문화 여행_베트남 (개정판)

제프리 머레이 지음 | 정용숙 옮김 | 242쪽

세계 문화 여행_벨기에

버나뎃 마리아 바르가 지음 | 심태은 옮김 | 242쪽

세계 문화 여행_불가리아

줄리아나 츠베트코바 지음 | 금미옥 옮김 | 248쪽

세계 문화 여행_스웨덴

닐 시플리 지음 | 정혜영 옮김 | 250쪽

세계 문화 여행_스위스 (개정판)

켄들 헌터 지음 | 박수철 옮김 | 238쪽

세계 문화 여행_스페인 (개정판)

메리언 미니, 벨렌 아과도 비게르 지음 | 김수진 옮김 | 274쪽

세계 문화 여행_싱가포르

앤절라 밀리건, 트리시아 부트 지음 | 조유미 옮김 | 210쪽

세계 문화 여행_아랍에미리트

제시카 힐, 존 윌시 지음 | 조유미 옮김 | 208쪽

세계 문화 여행_아이슬란드

토르게이어 프레이르 스베인손 지음 | 권은현 옮김 | 228쪽

세계 문화 여행_에티오피아

세라 하워드 지음 | 김경애 옮김 | 264쪽

세계 문화 여행_오스트리아

피터 기에라 지음 | 임소연 옮김 | 232쪽

세계 문화 여행_이스라엘 (개정판)

제프리 게리, 메리언 르보 지음 | 이정아 옮김 | 248쪽

세계 문화 여행_이탈리아 (개정판)

배리 토말린 지음 | 임소연 옮김 | 272쪽

세계 문화 여행_일본 (개정판)

폴 노버리 지음 | 윤영 옮김 | 230쪽

세계 문화 여행_중국 (개정판)

케이시 플라워 외 지음 | 임소연 외 옮김 | 266쪽

세계 문화 여행_체코

케반 보글러 지음 | 심태은 옮김 | 258쪽

세계 문화 여행_캐나다

다이앤 르미유, 줄리아나 츠베트코바 지음 | 심태은 옮김 | 252쪽

세계 문화 여행_쿠바

맨디 맥도날드, 러셀 매딕스 지음 | 임소연 옮김 | 254쪽

세계 문화 여행_태국

J. 로더레이 지음 | 김문주 옮김 | 254쪽

세계 문화 여행_튀르키예

샬럿 맥퍼슨 지음 | 박수철 옮김 | 268쪽

세계 문화 여행_포르투갈 (개정판)

샌디 핀토 바스토 지음 | 이정아 옮김 | 238쪽

세계 문화 여행_폴란드

그레고리 알렌, 막달레나 립스카 지음 | 이민철 옮김 | 240쪽

세계 문화 여행_프랑스

배리 토말린 지음 | 김경애 옮김 | 252쪽

세계 문화 여행_핀란드

테르투 레니, 엘레나 배럿 지음 | 권은현 옮김 | 236쪽

세계 문화 여행_필리핀

그레이엄 콜린 존스 외 지음 | 한성희 옮김 | 244쪽

세계 문화 여행_홍콩

클레어 비커스, 비키 챈 지음 | 윤영 옮김 | 232쪽